이란어(페르시아어) 표준 교재 A2

이란어(페르시아어) 표준 교재 A2

초판 인쇄	2020년 11월 20일
초판 발행	2020년 11월 27일
지은이	곽새라, Fahime Ghapandari Bidgoli, Somayeh Aghajani kalkhoran
발행인	윤성우 Director, University Knowledge Press
편집장	신선호 Executive Knowledge Contents Creator
도서편집	이근영 Contents Creator 장혜정 Contents Creator
디자인	한 지 Designer 우승민 Designer
재무관리	조아라 Managing Creator 정윤경 Managing Creator
사전·홍보물	장지혜 Contents Creator
발행처	한국외국어대학교 지식출판콘텐츠원 02450 서울특별시 동대문구 이문로 107 전화 02)2173-2493~7 FAX 02)2173-3363 홈페이지 http://press.hufs.ac.kr 전자우편 press@hufs.ac.kr 출판등록 제6-6호(1969. 4. 30)
인쇄·제본	(주)트윈벨미디어 02)2088-1810

ISBN 979-11-5901-819-0 [14790] 정가: 25,000원
979-11-5901-649-3 (세트)

* 잘못된 책은 교환하여 드립니다.

HUINE 은 한국외국어대학교출판부의 어학도서, 사회과학도서, 지역학 도서 Sub Brand이다. 한국외대의 영문명인 HUFS, 현명한 국제전문가 양성(International+Intelligent)의 의미를 담고 있으며, 휴인(携引)의 뜻인 '이끌다, 끌고 나가다'라는 의미처럼 출판계를 이끄는 리더로서, 혁신의 이미지를 담고 있다.

본 교재는 2019년 정부(교육부 국립국제교육원) '특수외국어교육 진흥 사업'의 지원을 받아 수행된 결과입니다. (CFL-한국외-2019-이란-C-1)

이 책의 음원(mp3)은 한국외국어대학교 지식출판콘텐츠원 홈페이지(press.hufs.ac.kr) 게시판-자료실에서 다운받아 사용하시기 바랍니다.

کتاب درسی استاندارد

زبان فارسی

이란어 (페르시아어) 표준 교재

곽새라 · Fahime Ghapandari Bidgoli · Somayeh Aghajani kalkhoran

A2

HU:iNE

머리말

본 교재는 국가발전을 위하여 전략적으로 필요한 외국어로서 대통령령으로 정한 53개의 언어 중 하나인 페르시아어(이란어) A2 단계의 교재입니다.

글로벌화로 지구촌이 하나가 되어가고 있는 현대 사회에서 영어 및 중국어 등과 같은 주요 언어뿐만 아니라 지구촌 곳곳의 특수 외국어들에 대한 교육의 필요성이 날로 증대되고 있습니다. 그러한 특수 외국어들 가운데 대표적인 언어가 이란에서 공용어로 사용되고 있는 페르시아어(이란어)입니다. 인도-유럽어족 가운데 인도-이란어군에 속하는 페르시아어는 이란뿐만 아니라 아프가니스탄과 타지키스탄에서도 공용어로 사용되고 있습니다. 아프가니스탄에서는 1958년 이후 다리(Dari)어라는 이름으로 공용어가 되었으며 타지키스탄에서는 소련 지배에서 벗어나 독립한 1991년부터 타직어(Tājiki)라는 이름으로 공용어가 되었습니다. 그 밖에 중앙아시아, 인도 북부, 소아시아와 같이 문화적으로 페르시아의 영향을 많이 받았던 지역에서도 페르시아어는 광범위하게 사용되고 있습니다. 전세계에서 페르시아어를 모국어로 사용하는 인구는 현재 약 1억1천만 명으로 추산되고 있어 인구 면에서는 세계 14번째 언어입니다.

페르시아어를 공용어로 사용하는 이란은 터키 및 이집트와 함께 중동에서 인구 8천만 명 이상을 보유한 3대 대국일 뿐만 아니라 세계에 남아 있는 유일한 "블루 오션(Blue Ocean)"으로 간주하며 에너지 자원을 비롯한 국가의 높은 경제적 가치가 외국 투자자들의 관심을 끌어들이고 있는 나라입니다. 또한 유구한 역사를 통해 축적된 건축, 미술, 공예 등의 풍부한 문화적 유산을 보유하며 세계 문화 교류의 중심에 서 있으며 중동에서 가장 많은 문학 작품, 영화, 드라마, 음악을 창작하고 수출하는 문화·미디어·엔터테인먼트 산업의 중심지이기도 합니다. 이란은 중동에서 가장 큰 문화산업 내수 시장을 갖고 있으며 30세 이하 인구가 전체 인구의 60% 이상을 차지하고 있어 한류 엔터테인먼트 산업 진출 효과가 직접적으로 발현될 수 있는 국가이기도 합니다. 실제로 현재에도 주요 한류 콘텐츠가 이란 시장에서 큰 인기를 끌고 있어 장차 지속 가능하고 효율적인 한류 수출 전략이 요구됩니다.

이처럼 이란과의 전략적 자원외교 및 공공외교 확대의 필요성, 국내기업의 이란 시장 진출 확대의 필요성, 이란과의 문화 교류 확대 및 이란 내 효과적인 한류 진출 전략 수립의 필요성 등이 화두로 떠오르는 시점에서 페르시아어를 능숙하게 구사할 인재 양성의 필요성도 더불어 증대되고 있습니다.

이러한 요구에 부응해 본 교재가 실질적인 페르시아어 의사소통능력을 갖추고 이란인과 교류하며, 그들의 문화를 알고 우리 문화를 이란으로 확장해 나갈 인재를 양성하는 데 미약하나마 도움을 줄 수 있기를 바랍니다. 아울러 본 집필진은 앞으로 계속 발간될 교재들을 통해 학습자가 페르시아어 및 이란 문화에 대한 흥미와 관심을 두고 이를 바탕으로 자기 주도적인 학습을 지속할 수 있는 교재 개발에 더욱 매진할 것입니다.

일러두기

본 교재는 현재 이란에서 공용어로 통용되고 있는 페르시아어를 배우려는 학습자들의 의사소통 능력과 어휘 구사 능력을 향상하기 위해 개발된 실용적 교재입니다.

집필 방향

- 본 교재는 교육부 특수 외국어 진흥사업의 표준교육과정 개발 프로젝트의 일환으로 집필되었습니다. 표준교육과정의 교재는 유럽연합 공통 언어 표준등급(CEFR)에 맞춰 A1(입문)-A2(초급)-B1(중급)-B2(중상급)-C1(상급)-C2(최상급)의 6단계로 나뉘어 개발되는데, 본 교재는 그중 두 번째 단계인 A2(초급) 과정의 교재입니다. 따라서, 본 교재는 A1 과정을 충실히 학습한 학습자들이 한 단계 높은 수준의 듣기, 말하기, 읽기, 쓰기 능력을 함양할 수 있도록 구성하였습니다.

- 이에 더하여 본 교재는 학습자들이 특별한 도움 없이도 혼자 학습할 수 있도록 구성하였습니다.
  1) 학습자들의 듣기 능력 향상과 정확한 발음 구사를 위해 원어민의 발음을 녹음한 오디오 파일을 함께 수록하였습니다.
  2) 학습자들의 내용 이해를 돕기 위해 다양한 삽화를 수록하였습니다.
  3) 학습자들이 이해한 내용을 점검할 수 있는 다양한 연습문제를 포함했습니다.
  4) 본 교재 내에 원어로 구성된 듣기나 말하기, 읽기 지문들은 교재의 부록에 모두 번역본을 제시하였습니다.
  5) 문어체 표기와 더불어 구어체 발음까지 제시함으로써 책에서 학습한 내용이 일상생활의 대화 내용과 크게 이질적인 내용이 되지 않도록 하였습니다.

- 본 A2 교재의 집필에는 국내 유일의 페르시아어 교육기관인 한국외국어대학교 페르시아어·이란학과에서 풍부한 교육 경력을 가진 내국인 교수 1명과 외국인 교수 2명이 참여했으며, 역시 같은 과의 내국인 교수 3명과 외국인 교수 1명이 집필된 내용을 감수했습니다.

교재 내용 구성

총 10단원으로 이루어져 있는 본 A2 교재는 다음과 같은 내용으로 구성되어 있습니다.

1) 생각해봅시다

매 단원의 첫 장에는 "생각해봅시다"가 마련되어 있습니다. 학습자는 학습에 앞서 그 단원에서 학습하게 될 주제를 잠시 생각해보며 심호흡을 가다듬을 수 있습니다.

2) 학습 목표

각 단원에서 학습하게 될 주요 문법 요소와 표현을 예문들과 함께 제시하여, 각 단원에서 학습할 핵심적인 내용을 한눈에 볼 수 있도록 하였습니다.

3) 들어봅시다 گوش کنیم

함께 말해봅시다 با هم صحبت کنیم

듣기 및 말하기 능력 향상을 위해 매 단원 2개의 "들어봅시다"와 "함께 말해봅시다"를 마련하였습니다. 학습자는 먼저 오디오 파일을 열어 대화 내용을 반복해서 들어본 후 "들어봅시다" 아래에 제시된 질문에 답해봅니다. 그다음, "함께 말해봅시다"에 제시된 대화의 지문을 눈으로 보며 다시 오디오 파일을 들어본 후 학습자들끼리 지문 내용을 응용해 함께 말해보는 시간을 갖는다. 모든 대화는 구어체와 문어체를 함께 제시해 쓸 때와 말할 때의 차이점을 익히도록 했습니다.

4) 읽어봅시다 بخوانیم

독해 능력을 향상하기 위해 매 단원 2개의 '읽어봅시다'를 마련하였습니다. 해당 단원의 주제와 관련된 지문을 오디오 파일과 함께 제시했습니다. 학습자는 읽기 지문과 제시된 질문들을 페르시아어로 답해보고, 오디오 파일을 열어 반복해서 듣고 따라 읽는 연습을 할 수 있습니다.

5) 문법 دستور

해당 단원에서 제시된 어휘 및 문장과 관련된 문법을 설명함으로써 학습자는 더욱 체계적으로 어법에 맞는 페르시아어를 구사할 수 있습니다.

6) 써봅시다 بنویسیم

작문 능력을 향상하기 위해 매 단원 "써봅시다"가 마련되어 있습니다. 학습자는 해당 단원의 주제와 관련해 제시된 질문들을 그 단원에서 학습한 내용을 토대로 작문해 볼 수 있습니다.

7) 그룹 활동 فعّالیّت گروهی

회화 능력을 향상하기 위해 단원마다 "그룹 활동"이 마련되어 있습니다. 학습자는 해당 단원의 주제와 관련해 제시된 질문들을 그 단원에서 학습한 내용을 토대로 옆의 친구나 그룹별로 대화를 해볼 수 있습니다.

8) 연습문제 تمرین

매 단원 학습자가 학습한 내용을 토대로 연습문제를 제시하였습니다. 학습자는 "연습문제"를 통해 스스로 학습한 내용을 점검해 볼 수 있습니다.

9) 이란문화 알아보기 فرهنگ ایرانی

매 단원 마지막에 이란 문화 및 이란인에 대한 다양한 정보를 제공함으로써 장차 학습자가 이란에 진출했을 때 겪을 수 있는 문화적 충격을 최소화하고 현지 생활에 쉽게 적응하는 데 도움을 주고자 하였습니다.

10) 참·고·하·세·요

그 밖에 단원 곳곳에 나오는 "참고하세요"는 상황에 따라 학습 이해도를 높일 수 있는 내용들을 제공하였습니다.

11) 이 밖에도 교재와 연계한 CFL 필수어휘사전 애플리케이션을 제공하여 A2 교재에 수록된 어휘들을 쉽게 검색하여 학습할 수 있도록 하였습니다.

차례

교재 구성표

단원	제목	학습목표
1	화요일에 페르시아어 수업이 있었습니다.	요일을 묻고 답하는 방법과 함께 과거에 수행한 다양한 활동들에 대해 표현하는 방법을 익힙니다.
2	넌 휴일에 무엇을 했니?	복합동사를 활용하여 다양한 과거 활동을 표현하는 방법을 익힙니다.
3	제 누나는 25세입니다.	나이를 묻고 답하는 다양한 방법을 익히고, 다양한 현재의 활동을 표현하는 방법을 익힙니다.
4	우리는 12시에 회의가 있습니다.	시간을 묻고 답하는 표현 및 다양한 시간 표현을 익힙니다.
5	나는 초록색 셔츠를 샀습니다.	다양한 색상을 표현하는 방법을 익힙니다.
6	너 25만 토만 더 싸게 샀니?	두 가지 대상을 비교하는 방법을 익힙니다.
7	저에게 메뉴를 주세요.	단수 및 복수의 상대방에게 명령 및 요청하는 방법을 익힙니다.
8	일곱 번째 정류장에서 하차하세요.	순서를 나타내는 방법을 활용하여 길을 안내하는 표현 방법을 익힙니다.
9	이 알약을 하루 세 번 식사 후에 먹어야 해.	통증과 증상을 표현하는 방법과 함께 의무를 나타내는 표현을 익힙니다.
10	남부 쪽 여행에 가장 좋은 계절은 겨울입니다.	계절별로 즐길 수 있는 활동 표현을 활용하여 가장 좋아하는 활동을 표현하는 방법을 익힙니다.

어휘	문법
• 요일 묻고 답하는 방법 • 다양한 활동을 나타내는 동사들의 과거형	• 비분리인칭대명사 • 다양한 동사의 과거 시제 활용
• 동작동사(과거) • 시간부사	• 복합동사의 과거 활용
• 동작동사(현재) • 21~100 숫자 세기	• 동사의 현재 활용형 • 나이 표현 / 수량 표현 • 복합전치사 - 이후 사건 표현하기
• 시간 표현	• 복합동사의 현재 활용 • 복합전치사 - 이전 사건 표현하기
• 색상 표현 • 의복의 종류	• 소유대명사 • 의문형용사 če
• 물건 구매 관련 어휘 • 100 이상의 숫자 세기 • 가재도구 명칭	• 비교급 • 큰 단위의 숫자 세기
• 이란 음식 명칭 • 맛의 표현	• 명령형
• 위치 표현	• 서수-순서 나타내기
• 증상 및 병명	• 조동사 bāyad • 동사의 가정형
• 계절 명칭 • 계절별 활동 명칭	• 최상급

درس اوّل

01

سه‌شنبه کلاس فارسی داشتم.

화요일에 페르시아어 수업이 있었습니다.

학습목표 요일을 묻고 답하는 방법과 함께 과거에 수행한 다양한 활동들에 대해 표현하는 방법을 익힙니다.

생각해봅시다

- 요일을 묻고 답하는 방법은 무엇입니까?
- 동사의 과거형을 사용하여 어제 했던 일을 소개해봅시다.

학습 내용

주요 표현 및 문법

요일 묻고 답하기	امروز چندشنبه است؟ دیروز دوشنبه بود.
과거의 활동 설명하기	صبح در دانشگاه بودم. دیروز به بازار رفتم.
비분리인칭대명사 활용하기	برای پدرم هدیه خریدم.

들어봅시다-1 گوش کنیم-۱

1. 마리얌과 민준의 대화를 들어봅시다.

2. 대화를 다시 듣고, 다음 질문에 답해봅시다.

۱) امروز چند شنبه است؟

۲) مین‌جون پنج‌شنبه‌ها کلاس دارد؟

۳) مین‌جون پریروز کجا بود؟

3. 같은 내용의 또 다른 대화를 듣고 차이점을 말해보세요.

함께 말해봅시다-1 با هم صحبت کنیم-۱

다음 대화를 참고하여 지난 요일에 무엇을 했는지 친구들과 대화를 나누어 봅시다.

구어체 발음 표기

مریم دیروز چن شنبه بود؟

مین‌جون سه شنبه.

مریم کلاس داشتی؟

مین‌جون آره، یه کلاس فارسی داشتم.

مریم فردا چی؟

مین‌جون نه، پنج‌شنبه‌ها تعطیلم.

مریم راستی، پریروز کجا بودی؟

مین‌جون پریروز دوشنبه بود. صبح دانشگاه کلاس داشتم. عصرم رفتم کتابخونه.

문어체 발음 표기

مریم دیروز چند شنبه بود؟

مین‌جون سه شنبه.

مریم کلاس داشتی؟

مین‌جون بله، یک کلاس فارسی داشتم.

مریم فردا چی؟

مین‌جون نه، پنج‌شنبه‌ها تعطیلم.

مریم راستی، پریروز کجا بودی؟

مین‌جون پریروز دوشنبه بود. صبح در دانشگاه کلاس داشتم.
عصر هم به کتابخانه رفتم.

들어봅시다-2 گوش کنیم-۲

1. 세터레와 파르허드의 대화를 들어봅시다.

2. 대화를 다시 듣고, 다음 질문에 답해봅시다.

۱) در ایران چند شنبه تعطیل است؟

۲) چرا ستاره چهارشنبه‌ی پیش به دانشگاه نرفت؟

۳) ستاره دیروز کجا رفت و چه خرید؟

3. 같은 내용의 또 다른 대화를 듣고 차이점을 말해봅시다.

함께 말해봅시다-2 با هم صحبت کنیم-۲

> 다음 대화를 참고하여 '아버지의 날'과 같은 다양한 휴일에 대하여 대화해봅시다.

구어체 발음 표기

ستاره فرهاد، فردا کلاس داری؟
فرهاد نه، سئول، شنبه و یه‌شنبه تعطیله.
ستاره اِ... ما تو ایران، جمعه‌ها تعطیلیم.
فرهاد فقط یه روز تعطیلی دارین؟
ستاره نه، مدرسه‌ها پنج‌شنبه هم تعطیلن.
فرهاد پس چرا چهارشنبه‌ی قبل نرفتی دانشگاه؟
ستاره چون «روز پدر» بود. «روز پدر» تو ایران تعطیله.
فرهاد دیروز کجا رفتی؟
ستاره رفتم بازار و برا پدرم هدیه خریدم.

문어체 발음 표기

ستاره فرهاد، فردا کلاس داری؟
فرهاد نه، در سئول، شنبه و یک‌شنبه تعطیل است.
ستاره اِ... ما در ایران، جمعه‌ها تعطیلیم.
فرهاد فقط یک روز تعطیلی دارید؟
ستاره نه، مدرسه‌ها پنج‌شنبه هم تعطیلند.
فرهاد پس چرا چهارشنبه‌ی قبل به دانشگاه نرفتی؟
ستاره چون «روز پدر» بود. «روز پدر» در ایران تعطیل است.
فرهاد دیروز کجا رفتی؟
ستاره به بازار رفتم و برای پدرم هدیه خریدم.

읽어봅시다-1 بخوانیم-۱

1. 다음 지문을 읽고 물음에 답해봅시다.

‹ یک روز تعطیل ›

من سارا هستم. دوشنبه‌ی پیش تعطیل بود و من به دانشگاه نرفتم. صبح در خانه ماندم. بعدازظهر من و خانواده‌ام به سینما رفتیم. ما یک فیلم کمدی دیدیم. خیلی خنده‌دار بود. بعد از سینما به رستوران رفتیم. خواهرم پاستا خورد، امّا ما پیتزا خوردیم. خوش گذشت. آن شب دیر خوابیدیم.

۱) چرا سارا دوشنبه‌ی پیش به دانشگاه نرفت؟

۲) سارا و خانواده‌اش بعدازظهر چه فیلمی دیدند؟

۳) خواهر سارا در رستوران چه خورد؟

2. 오디오 파일을 듣고 반복해서 따라 읽어봅시다.

읽어봅시다-2 بخوانیم-۲

1. 다음 지문을 읽고 물음에 답해봅시다.

〈 در کتابفروشی 〉

اسم من بهار است. مینا دوست من است. دو هفته‌ی پیش، او به خانه‌ی ما آمد. هوا خیلی سرد بود و من لباس گرم پوشیدم. با هم به کتابفروشی رفتیم. من کتاب «مدیر مدرسه[1]» را خریدم، امّا مینا کتاب نخرید. او برای خواهرش یک دفتر خرید. من برای استادم هم یک کتاب خریدم. پریروز من «مدیر مدرسه» را خواندم. کتاب جالبی بود. دیشب آن را به دوستم، مینا دادم.

۱) دو هفته‌ی قبل هوا چطور بود؟

۲) بهار و مینا کتاب خریدند؟

۳) مینا برای خواهرش چه خرید؟

٤) دیشب بهار کتاب جدیدش را خواند؟

2. 오디오 파일을 듣고 반복해서 따라 읽어봅시다.

1 이 책은 이란의 현대 소설가인 잘럴 얼레 아흐마드(جلال آل احمد / Jalal Al-e Ahmad)의 작품입니다.

문법 دستور

✓ 비분리인칭대명사

1 (분리)인칭대명사와 같이 인칭과 수에 따라 다른 형태를 갖습니다.

2 접미사의 형태로 사용되므로 단독으로 사용될 수 없습니다.

3 명사 뒤에 접미되며, 소유의 의미를 나타낸다. 전치사 및 동사 뒤에도 접미될 수 있습니다.

4 표기법 및 발음

	단수	복수
1인칭	ـَم /-am/	ـِمان /-emān/
2인칭	ـَت /-at/	ـِتان /-etān/
3인칭	ـَش /-aš/	ـِشان /-ešān /

4-1) 접미된 비분리인칭대명사는 앞의 어휘와 연음하여 발음합니다.

예 کتاب + ـَم → /ketāb/ + /-am/ → /ketābam/

4-2) 묵음의 ه로 끝나는 어휘 뒤에는 비분리인칭대명사를 연결하여 표기하지 않습니다. 단수형에는 alef(ا)를 추가로 사용하여 /a/ 음가를 표기하고, 복수형에는 추가적인 문자를 활용하지 않습니다.

	단수	복수
1인칭	خانه‌اَم	خانه‌مان
2인칭	خانه‌اَت	خانه‌تان
3인칭	خانه‌اَش	خانه‌شان

4-3) /ā/나 /u/ 음가로 끝나는 어휘 뒤에는 매개자음 ی를 추가하고 비분리인칭대명사를 접미합니다.

예
پا + ی + ـَم → پایَم
مو + ی + تان → مویِتان

4-4) /i/ 음가로 끝나는 어휘 뒤에는 비분리인칭대명사를 바로 연결하기도 하고, 묵음의 ه 로 끝나는 어휘와 같이 alef(ا)를 추가로 사용하기도 합니다.

예 بینی‌ام 또는 بینیم

5 소유격이 비분리인칭대명사로 표현되는 경우와 (분리)인칭대명사로 표현되는 경우의 의미 차이를 주목하여야 합니다. 예1)에서 비분리인칭대명사(ـــش)는 주어인 علی를 지칭하지만, 예2)의 (분리)인칭대명사인 او는 علی가 아닌 제3자를 가리킵니다.

예 1 علی کتابش را روی میز گذاشت.

예 2 علی کتاب او را روی میز گذاشت.

써봅시다 بنویسیم

1. 지난주에 자신이 방문한 곳은 어디이며, 어떤 일을 했는지 설명하는 글을 써봅시다.

2. 자신의 가장 친한 친구가 그저께 어디에 있었고, 어떤 일을 했는지 설명하는 글을 써봅시다.

그룹 활동 فعّالیّت گروهی

> 다음을 주제로 친구들과 대화해 봅시다.

۱. دیروز کجا بودی؟

۲. دیروز چه چیزی خوردی؟

۳. پریروز به دانشگاه رفتی؟

٤. دوشنبه‌ی پیش استادت را دیدی؟

연습문제 تمرین

الف. پاسخ بدهید.

۱. دیروز تو کجا رفتی؟ (دانشگاه)

۲. هفته‌ی پیش پدرش کجا بود؟ (اداره)

۳. پریروز مادرت ناهار چه خورد؟ (سوپ)

٤. سه شنبه‌ی قبل، مریم چه خرید؟ (لباس)

ب. جمله‌ها را مانند مثال، کامل کنید.

کتاب او در جاکتابی نبود. دیروز کتابش را به سپیده داد.

۱. تخت من راحت نیست. دیشب روی ________ نخوابیدم.

۲. دیشب، اتاق تو خیلی گرم بود. ________ کولر ندارد؟

۳. همکلاسی آنها، مصری است. پریروز ________ را در پارک دیدند.

٤. موبایل ما قشنگ است. ________ را دیروز خریدیم.

۵. شلوارک او شیک است. شنبه، ________ را برای مهمانی پوشید.

پ. انتخاب کنید.

۱. من آخر هفته در خانه ماندم و به فرودگاه (نرفتی/نرفتم).

۲. ما سه روز قبل، استادمان را در کافی‌شاپ (دیدیم/دیدم).

۳. دیشب، او و خواهرش با هم ظرف (شست/شستند).

٤. شما کتاب عربی را از کتابخانه‌ی دانشگاه (گرفتید/گرفتی)؟

٥. سمانه خیلی تکلیف داشت. او صبح، تکلیفش را (نوشت/نوشتی).

فرهنگ ایرانی
이란문화 알아보기

이란의 주일 (روزهای هفته)

우리에게 평일은 월요일부터 금요일까지이며, 주말은 토요일과 일요일입니다. 그러나 이란에서 주말은 목요일과 금요일입니다. 목요일은 공식적으로 지정된 휴일은 아니지만, 학교는 열지 않습니다. 현재, 목요일을 공휴일로 지정하려는 움직임도 있습니다. 일주일의 마지막 날은 금요일입니다. 금요일은 법정 공휴일로, 회사, 학교 모두 쉬며, 이란인들이 여가를 즐기는 날입니다. 또, 금요 예배에 참여하는 날이기도 합니다. 토요일은 일주일을 시작하는 날입니다.

이전에는 많은 이슬람 국가들이 목요일과 금요일을 휴일로 지정하였습니다. 그러나, 카타르, 오만 등과 같은 페르시아만 주변국들이 2008년부터 목요일 휴일 대신 토요일을 휴일로 대체하여, 현재는 금요일과 토요일을 공휴일로 지정하고 있습니다.

참·고·하·세·요

● **요일**

토요일	شنبه
일요일	یکشنبه
월요일	دوشنبه
화요일	سه‌شنبه
수요일	چهارشنبه
목요일	پنجشنبه
금요일	جمعه

MEMO

درس دوّم

02 تعطیلات چه کار کردی؟

넌 휴일에 무엇을 했니?

학습목표 복합동사를 활용하여 다양한 과거 활동을 표현하는 방법을 익힙니다.

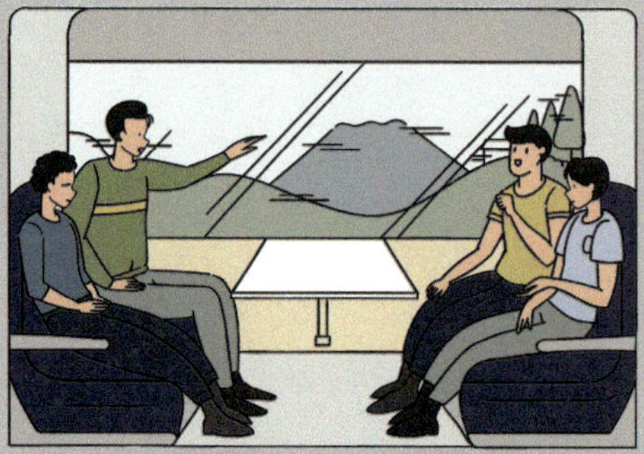

생각해봅시다

- 복합동사를 사용하여 과거에 했던 다양한 활동들을 소개해봅시다.

학습 내용

주요 표현 및 문법

복합동사의 과거형 활용하기

تعطیلات چه کار کردی؟
با خواهرم بازی کردم.
به مادرم کمک کردم.

들어봅시다-1 گوش کنیم-۱

1. 나스린과 샤흐럼의 대화를 들어봅시다.

2. 대화를 다시 듣고, 다음 질문에 답해봅시다.

۱) شهرام آخرهفته کجا رفت؟

۲) نسرین شنبه کجا بود؟

۳) یک‌شنبه نسرین چه کار کرد؟

3. 같은 내용의 또 다른 대화를 듣고 차이점을 말해봅시다.

함께 말해봅시다-1 با هم صحبت کنیم-۱

> 다음 대화를 참고하여 다양한 복합동사를 활용해 지난 요일에 무엇을 했는지 친구들과 대화를 나누어봅시다.

구어체 발음 표기

نسرین	شهرام، شنبه و یه‌شنبه کجا رفتی؟
شهرام	شنبه رفتم کوه و یه‌شنبه تو خونه موندم. تو کجا بودی؟
نسرین	یه‌شنبه منم تو خونه بودم، امّا شنبه رفتم کافی‌شاپ و دوستمو دیدم.
شهرام	من یه‌شنبه به مادرم کمک کردم. تو چی کار کردی؟
نسرین	من با خواهرم بازی کردم.
شهرام	آخرهفته خوش گذشت؟
نسرین	آره، خیلی خوب بود. خیلی خوش گذشت.

문어체 발음 표기

نسرین	شهرام، شنبه و یک‌شنبه کجا رفتی؟
شهرام	شنبه به کوه رفتم و یک‌شنبه در خانه ماندم. تو کجا بودی؟
نسرین	یک‌شنبه من هم در خانه بودم، امّا شنبه به کافی‌شاپ رفتم و دوستم را دیدم.
شهرام	من یک‌شنبه به مادرم کمک کردم. تو چه کار کردی؟
نسرین	من با خواهرم بازی کردم.
شهرام	آخرهفته خوش گذشت؟
نسرین	بله، خیلی خوب بود. خیلی خوش گذشت.

들어봅시다-2 گوش کنیم-۲

1. 어르먼과 로여의 대화를 들어봅시다.

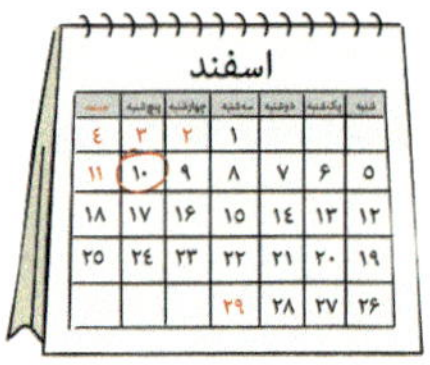

2. 대화를 다시 듣고, 다음 질문에 답해봅시다.

۱) آرمان هفته‌ی قبل چه کار کرد؟

۲) آرمان در هتل بود؟

۳) آرمان چطور به بوسان رفت؟

3. 같은 내용의 또 다른 대화를 듣고 차이점을 말해봅시다.

함께 말해봅시다-2 با هم صحبت کنیم-۲

다음 대화를 참고하여 다양한 활동들에 대해 복합동사를 활용하여 이야기해봅시다.

구어체 발음 표기

رؤیا هفته‌ی قبل سه روز تعطیل بود. چی کار کردی؟
آرمان با دوستام رفتم بوسان.
رؤیا بوسان، کجا موندین؟ رفتین هتل؟
آرمان نه، دوستم تو بوسانه. رفتیم خونه‌ی اون.
رؤیا چطوری رفتین بوسان؟
آرمان بلیط قطار خریدیم و با قطار رفتیم.
رؤیا بوسان چی کار کردین؟
آرمان تو دریا شنا کردیم، تو ساحل بازی کردیم و رفتیم سینما.
رؤیا خوش گذشت؟
آرمان آره، خیلی خوش گذشت. جای شما خالی.

문어체 발음 표기

رؤیا هفته‌ی قبل سه روز تعطیل بود. چه کار کردی؟
آرمان با دوست‌هایم به بوسان رفتم.
رؤیا در بوسان، کجا ماندید؟ به هتل رفتید؟
آرمان نه، دوستم در بوسان است. به خانه‌ی او رفتیم.
رؤیا چطور به بوسان رفتید؟
آرمان بلیط قطار خریدیم و با قطار رفتیم.
رؤیا در بوسان چه کار کردید؟
آرمان در دریا شنا کردیم، در ساحل بازی کردیم و به سینما رفتیم.
رؤیا خوش گذشت؟
آرمان بله، خیلی خوش گذشت. جای شما خالی.

읽어봅시다-1 بخوانیم-۱

1. 다음 지문을 읽고 물음에 답해봅시다.

‹ یک روز من ›

اسم من رامبد است. من دانشجو هستم. چهارشنبه به دانشگاه رفتم. بعد از کلاس در کافی‌شاپ ماندم، تکلیف‌هایم را نوشتم و درس‌هایم را خواندم. بعد به رستوران دانشگاه رفتم. دوستم هم آمد و با هم شام خوردیم. خیلی دیر بود. پس با تاکسی به خانه رفتم و زود رسیدم. من با مادر و برادرم دربارهٔ دانشگاه صحبت کردم. سپس، کمی مطالعه کردم. یک فیلم ایرانی تماشا کردم و خوابیدم.

۱) رامبد چهارشنبه کجا بود؟

۲) بعد از کلاس، رامبد چه کار کرد؟

۳) رامبد دوستش را کجا دید؟

٤) رامبد بعد از شام کجا رفت و چه کار کرد؟

2. 오디오 파일을 듣고 반복해서 따라 읽어봅시다.

읽어봅시다-2 بخوانیم-۲

1. 다음 지문을 읽고 물음에 답해봅시다.

‹ سفر به شیراز ›

من بهرام احمدی هستم و کارمند دانشگاهم. دو ماه پیش تعطیلات نوروز بود. با خانواده‌ام به شیراز رفتم. خاله‌ی من در آنجا است. ما تعطیلات را در خانه‌ی خاله‌ام ماندیم. بلیط هواپیما گران بود، پس ما با قطار رفتیم. شیراز خیلی زیبا بود و جاهای دیدنی زیادی داشت: باغ ارم، آرامگاه حافظ، آرامگاه سعدی، حمّام وکیل و ... . حافظیّه و سعدیّه نزدیک یکدیگر هستند و ما هردو را در یک روز دیدیم. تقریباً همه‌ی جاهای دیدنی شهر را دیدیم و از بازار وکیل سوغاتی خریدیم. بعد، به تخت جمشید رفتیم. «تخت جمشید» در جهان بسیار معروف است. نام دیگر آن «پرسپولیس» است. در این سفر از «پاسارگاد» هم دیدن کردیم. «پاسارگاد»، آرامگاه کوروش بزرگ است و تقریباً ۶۰ کیلومتر با شیراز فاصله دارد.

۱) خانواده‌ی احمدی تعطیلات نوروز کجا رفتند؟

۲) آنها در تعطیلات کجا ماندند؟

۳) آنها چطور به شیراز رفتند؟

۴) آنها در شیراز چه کار کردند؟

۵) آرامگاه کوروش کجاست؟

2. 오디오 파일을 듣고 반복해서 따라 읽어봅시다.

문법 دستور

✓ 복합동사 – 1(복합동사의 과거 활용)

1 페르시아어의 동사는 한 단어로 이루어진 단순동사와 두 단어 이상으로 이루어진 복합동사로 이루어집니다.

2 단순동사의 사용 빈도는 줄어드는 반면, 복합동사 사용 빈도는 늘어나는 추세입니다. 과거 단순동사였지만, 현재는 더 이상 단순동사는 사용하지 않고, 복합동사의 형태로 사용하는 동사들도 존재합니다.

예 1

گریستن → گریه کردن

آغازیدن → آغاز کردن

3 페르시아어의 복합동사는 동사 앞부분(pre-verbal part)과 동사 부분(verbal part)으로 이루어지는데, 이때 동사 앞부분에는 명사, 형용사, 부사, 전치사 등의 품사가 올 수 있습니다. 2과에서는 동사 앞부분이 '명사'와 '형용사'인 경우만 공부해 보겠습니다.

예 1 명사 + 동사

کردن + کار → کار کردن

하다(동사) + 일/업무(명사) → 일하다

예 2 형용사 + 동사

کردن + تمیز → تمیز کردن

하다(동사) + 깨끗한(형용사) → 청소하다, 치우다

4 복합동사는 의미적으로는 두 가지 부류로 구분됩니다. 첫 번째는 3)의 예시와 같이 두 단어의 의미가 복합동사에 그대로 남아있는 경우이며, 두 번째는 두 단어가 합쳐져 전혀 새로운 의미의 동사를 만들어내는 경우입니다.

예 1

داشتن + دوست → دوست داشتن

가지다 + 친구 → 좋아하다

5 복합동사를 활용할 때는 동사 앞부분은 변형 없이 그대로 두고, 동사 부분만 변형합니다. 예를 들어, 복합동사 کار کردن 을 과거 활용한다면, کار 는 변형하지 않고, کردن 만 일반적인 동사의 과거 활용 형태와 같이

변형시킵니다(동사의 과거 활용은 A1 교재 참고). 또한 과거 부정형 활용도 동사 부분에 부정접두사 نَـ (/na-/)를 추가하여 만듭니다.

5-1) 복합동사의 과거 활용형 : کار کردن(과거어근 : کار کرد)

	단수	복수
1인칭	کار کردم	کار کردیم
2인칭	کار کردی	کار کردید
3인칭	کار کرد	کار کردند

5-2) 복합동사 과거 부정형

	단수	복수
1인칭	کار نکردم	کار نکردیم
2인칭	کار نکردی	کار نکردید
3인칭	کار نکرد	کار نکردند

참·고·하·세·요

● 다양한 활동을 나타내는 동사

	رفتن
	دیدن
	خواندن
	نوشتن
	خوردن
	کار کردن

	بازی کردن
	گوش کردن
	صحبت کردن
	ورزش کردن
	تمیز کردن

써봅시다 بنویسیم

1. 다양한 복합동사를 활용하여 지난 월요일부터 금요일까지 어떤 활동을 했는지 써봅시다.

2. 설 연휴에 했던 일들을 글로 써봅시다.

그룹 활동 فعّالیّت گروهی

> 다음을 주제로 친구들과 대화해봅시다.

۱. دیروز چه کار کردی؟

۲. تو و دوستت ناهار چه خوردید؟

۳. دیروز با کی بازی کردی؟

٤. پریروز اتاقت را تمیز کردی؟

연습문제 تمرین

الف. واژه‌ی مناسب را انتخاب کنید.

خریدی	کتابخانه	کار کرد	صبحانه	کمک کردیم

۱. من و برادرم برای ____________ نان و پنیر خوردیم.

۲. خواهرم عصر در هتل ____________ .

۳. برای سفر به سئول بلیط ____________؟

٤. ما دیروز به دوستمان ____________ .

۵. دانشجوها در ____________ کتاب خواندند.

ب. گفتگوها را کامل کنید.

سامان دوشنبه‌ی قبل کجا رفتی؟

منا من و خانواده‌ام به تهران ____________ ۱ ____________ .

سامان برادرت هم با شما آمد؟

منا نه، او با ما ____________ ۲ ____________ .

سامان سفر خوش گذشت؟

منا ممنون، خوب بود. جای تو ____________ ۳ ____________ .

پ. انتخاب کنید.

امروز پنج‌شنبه است و پنج‌شنبه‌ها شهروز کلاس ورزش دارد. او دو ساعت پیش، از باشگاه به خانه (برگشت/ برگشتی). خیلی خسته و گرسنه بود. او (به / با) برادرش تلفن کرد. برادرش از نانوایی نان سنگک خرید و(آوردیم / آورد). شهروز هم به آشپزخانه رفت. در خانه گوجه فرنگی نداشتند. او املت نپخت و به جای املت، نیمرو (درست کردی/ درست کرد). آنها با هم غذا (خوردند / نخوردند) و ظرف‌ها را شستند.

فرهنگ ایرانی

이란문화 알아보기

페르세폴리스 (تخت جمشید / پرسپولیس)

원어로 타크테 잠쉬드(잠쉬드왕의 왕좌)로 불리는 페르세폴리스는 고대 페르시아제국인 아케메네스 왕조의 수도입니다. 페르세폴리스라는 명칭은 '페르시아인의 도시'라는 의미로 고대 그리스어에서 기원한 것입니다.

아케메네스 왕조의 3대 왕이자 페르시아 제국의 전성기를 이끈 다리우스 1세부터 건설하기 시작한 페르세폴리스는 크세르크세스 1세, 아르타크세르크세스 1세의 시기를 걸쳐 완공됩니다.

당시의 건축양식을 엿볼 수 있는 페르세폴리스는 다양한 용도로 사용되었던 궁전들로 이루어져 있는데, 특히, 페르세폴리스는 이란의 새해인 노루즈 행사를 거대하게 치른 장소로 유명합니다. 건축물 곳곳에는 노루즈를 상징하는 부조, 노루즈에 페르시아 왕에게 진상품을 바치기 위해 줄을 선 다양한 민족의 다양한 특산품을 보여주는 부조들이 조각되어 있습니다.

페르세폴리스는 1979년 UNESCO 세계문화유산으로 지정되었습니다.

MEMO

درس سوّم

03 خواهرم بیست و پنج ساله است.

제 누나는 25세입니다.

학습목표 나이를 묻고 답하는 다양한 방법을 익히고, 다양한 현재의 활동을 표현하는 방법을 익힙니다.

생각해봅시다

- 나이를 묻고 답하는 방법을 생각해봅시다.
- 동사의 현재형을 사용해야 할 상황에 대하여 이야기해봅시다.

학습 내용

주요 표현 및 문법

나이 묻고 답하기	چند سال داری؟ من بیست سال دارم. خواهرم بیست و پنج ساله است.
동사의 현재 활용형	فردا من به تولّد سارا می‌روم. تو هم می‌آیی؟
복합전치사 활용하기	بعد از سینما به رستوران رفتیم.

들어봅시다-1 گوش کنیم-۱

1. 아프서네와 서선의 대화를 들어봅시다.

2. 대화를 다시 듣고, 다음 질문에 답해봅시다.

۱) ساسان چند سال دارد؟

۲) ساسان کارمند است؟

۳) خواهر ساسان چند سال دارد؟ و شغل او چیست؟

3. 같은 내용의 또 다른 대화를 듣고 차이점을 말해봅시다.

함께 말해봅시다-1 با هم صحبت کنیم-۱

> 다음 대화를 참고하여 서로의 나이와 가족들의 나이를 묻고 답해봅시다.

구어체 발음 표기

افسانه ساسان، چن سال داری؟
ساسان من بیس سال دارم .تو چن سال داری؟
افسانه منم بیس سال دارم.
ساسان جالبه. ما هر دو بیس ساله هستیم.
افسانه خواهرت چن سال داره؟
ساسان خواهرم بیس و پنج ساله اس.
افسانه اونم می‌ره دانشگاه؟
ساسان نه، اون کارمنده.

문어체 발음 표기

افسانه ساسان، چند سال داری؟
ساسان من بیست سال دارم. تو چند سال داری؟
افسانه من هم بیست سال دارم.
ساسان جالب است. ما هر دو بیست ساله هستیم.
افسانه خواهرت چند سال دارد؟
ساسان خواهرم بیست و پنج ساله است.
افسانه او هم به دانشگاه می‌رود؟
ساسان نه، او کارمند است.

들어봅시다-2 گوش کنیم-۲

1. 쉬린과 아민의 대화를 들어봅시다.

2. 대화를 다시 듣고, 다음 질문에 답해봅시다.

۱) شیرین و امین فردا کجا می‌روند؟

۲) خانه‌ی پگاه کجاست؟

۳) خانه‌ی شیرین در طبقه‌ی چند است؟

3. 같은 내용의 또 다른 대화를 듣고 차이점을 말해봅시다.

함께 말해봅시다-2 با هم صحبت کنیم-۲

> 다음 대화를 참고하여 집 주소를 이야기해봅시다

구어체 발음 표기

شیرین فردا من می‌رم تولّد پگاه. تو هم می‌آی؟

امین آره، منم می‌آم. امّا آدرس دقیقو ندارم.

شیرین اِ...خونه‌ی پگاه نزدیک خونه‌ی ماس. با هم می‌ریم اونجا.

امین خوبه، امّا من آدرس شما رو هم ندارم.

شیرین خونه‌ی ما تو خیابون آزادیه، بعد از کوچه‌ی چهل و یک، پلاک شصت و هش.

امین طبقه‌ی چن هستین؟

شیرین طبقه‌ی بیست و دو هستیم، واحد سه.

امین دسّت درد نکنه.

شیرین خواهش می‌کنم.

문어체 발음 표기

شیرین فردا من به تولّد پگاه می‌روم. تو هم می‌آیی؟

امین بله، من هم می‌آیم. امّا آدرس دقیق را ندارم.

شیرین اِ ... خانه‌ی پگاه نزدیک خانه‌ی ماست. با هم به آنجا می‌رویم.

امین خوب است، امّا من آدرس شما را هم ندارم.

شیرین خانه‌ی ما در خیابان آزادی، بعد از کوچه‌ی چهل و یک، پلاک شصت و هشت است.

امین طبقه‌ی چند هستید؟

شیرین طبقه‌ی بیست و دو، واحد سه هستیم.

امین دستت درد نکند.

شیرین خواهش می‌کنم.

참·고·하·세·요

〈 دست شما درد نکند 〉

이 표현은 '당신의 손이 아프지 않기를'과 같이 직역할 수 있습니다. 이는 '감사'의 뜻을 전하기 위하여 사용하는 표현입니다. 이 표현에 대한 대답으로 < سر شما درد نکند >, 즉, '당신의 머리가 아프지 않기를'과 같은 표현이 있으나, 이 표현보다는 주로 < خواهش می‌کنم > 라는 표현을 써서 '천만에요'의 의미를 나타냅니다.

읽어봅시다-1 بخوانیم-۱

1. 다음 지문을 읽고 물음에 답해봅시다.

‹ خانواده‌ی کیم ›

خانواده‌ی کیم هشت سال در بوسان زندگی کردند. بعد از هشت سال به سئول آمدند. الان خانه‌ی آنها در خیابان تهران است. آقای کیم، شصت و سه ساله است. او دندانپزشک است. همسرش، پنجاه و نه سال دارد و پرستار است. آنها یک دختر و دو پسر دارند. اسم دخترشان مین‌جی است. مین‌جی، بیست و هفت سال دارد و در دانشگاه زبان فارسی می‌خواند. برادر کوچک مین‌جی، شانزده ساله است و به مدرسه می‌رود. برادر بزرگ مین‌جی، سی و چهار سال دارد. او پزشک و مجرّد است. معمولاً کار او در بیمارستان زیاد است و شب‌ها دیر می‌خوابد. دیروز زیاد کار نکرد و زود به خانه برگشت.

۱) شغل آقای کیم چیست؟

۲) همسر آقای کیم چند سال دارد و شغلش چیست؟

۳) آقا و خانم کیم چند پسر دارند؟ آنها چند سال دارند؟

۴) مین‌جی دانش‌آموز است؟

2. 오디오 파일을 듣고 반복해서 따라 읽어봅시다.

읽어봅시다-2 بخوانیم-۲

1. 다음 지문을 읽고 물음에 답해봅시다.

‹ کاخ گلستان ›

مجموعه‌ی کاخ گلستان یکی از مکان‌های معروف در تهران است. این مجموعه، در مرکز شهر و نزدیک میدان پانزده خرداد است. سیزده ساختمان مهم در آن هست مانند کاخ شمس‌العماره، تالار آینه، تالار سلام، تالار الماس و .... ساختمان شمس‌العماره یکی از بناهای قدیمی تهران است. این بنا بسیار زیباست و دو برج دارد. هر برج پنج طبقه است و سی و پنج متر ارتفاع دارد. قبلاً این ساختمان نماد شهر تهران بود. مجموعه‌ی کاخ گلستان همیشه باز است و فقط پنج روز در سال تعطیل است.

۱) کاخ گلستان کجاست؟

۲) میدان پانزده خرداد در شمال تهران است؟

۳) کاخ گلستان چند ساختمان دارد؟

٤) کاخ گلستان چند روز در سال بسته است؟

2. 오디오 파일을 듣고 반복해서 따라 읽어봅시다.

문법 دستور

✓ 동사의 현재 활용형

1 현재시제를 표현하는 동사, 즉 동사의 현재형은 접두사 می /mi/와 현재어근, 그리고 현재형 어미로 이루어집니다.

예 1 현재형 동사활용 = می + 현재어근 + 현재형 어미

2 접두사 می 는 지속, 유지의 의미가 있으므로, 현재 상태/동작 유지 및 지속을 나타내는 현재시제에 사용하며, 같은 맥락으로 진행형에도 사용됩니다.

3 현재형 어미

	단수	복수
1인칭	ـَم / -am /	ـیم/ -im /
2인칭	ـی / -i /	ـید/ -id /
3인칭	ـَد / -ad /	ـَند / -and /

4 현재어근은 새로운 동사를 학습할 때마다 함께 암기해 두는 것이 좋습니다.

예 1 رفتن (رو) 의미: 가다

	단수	복수
1인칭	می روم	می رویم
2인칭	می روی	می روید
3인칭	می رود	می روند

5 بودن 동사와 '가지고 있다'의 의미를 가지는 داشتن동사의 현재형 활용에는 접두사 می를 사용하지 않습니다.(بودن 동사 현재형은 A1 교재 참고)

داشتن (دار) 동사의 현재 활용형

	단수	복수
1인칭	دارم	داریم
2인칭	داری	دارید
3인칭	دارد	دارند

6 현재어근이 모음 /ā/혹은 /u/음가로 끝나는 경우에는 매개자음 ی를 추가합니다.

예 1 آمدن (آ) 의미: 오다

	단수	복수
1인칭	می آیم	می آییم
2인칭	می آیی	می آیید
3인칭	می آید	می آیند

예 1 گفتن (گو) 의미: 말하다

	단수	복수
1인칭	می گویم	می گوییم
2인칭	می گویی	می گویید
3인칭	می گوید	می گویند

7 동사의 현재 부정형은 접두사 می에 부정접두사 نَـ를 추가하여 만듭니다. 그러나 이때 발음의 변형이 있는데, 두 접두사가 합쳐져 /nemi-/로 발음됩니다.

	단수	복수
1인칭	نمی روم	نمی رویم
2인칭	نمی روی	نمی روید
3인칭	نمی رود	نمی روند

문법 دستور

✓ 수사(기수) : 21~100

1 문자와 달리 숫자는 왼쪽에서 오른쪽으로 표기합니다.

2 20 이상의 수를 셀 때는 '그리고'의 의미를 갖는 접속사 و 를 활용합니다. 예를 들어, 21은 20 그리고 1과 같이 표현합니다. 이때, 발음은 접속사 و를 /o/로 발음하여 앞의 자음과 연음시켜 읽습니다.

예 1 21 = ۲۱ بیست و یک /bisto yek/

3 10단위 수

20	۲۰	بیست	70	۷۰	هفتاد
30	۳۰	سی	80	۸۰	هشتاد
40	٤۰/۴۰	چهل	90	۹۰	نود
50	٥۰ / ۵۰	پنجاه	100	۱۰۰	صد
60	٦۰/۶۰	شصت			

예 1

86 ۸٦ هشتاد و شش /haštādo šeš (/haštādo šiš/[1])/

105 ۱۰٥ صد و پنج /sado panj/

117 ۱۱۷ صد و هفده /sado hefdah (/sado hivda/)/

---

1 괄호 안은 구어체 발음

✓ 복합전치사 - 1

1 با , از , تا , در 와 같이 한 단어로 이루어진 전치사를 단순 전치사로 부르는 한편, 두 단어 이상으로 이루어진 전치사를 복합전치사라 부릅니다. 복합전치사는 '명사+단순전치사', '부사+단순전치사' 등과 같은 구조로 이루어집니다.

2 전치사는 항상 문법적 명사의 앞에 위치한다.

3 بعد از는 '~의 뒤에, 후에'의 의미를 가집니다.

예 1 بعد از سینما به رستوران رفتیم.

예 2 بعد از کلاس در کافی‌شاپ ماندم.

✓ یکی از ...

1 '... 중의 하나'라는 의미를 갖습니다.

2 이 구문 뒤에는 반드시 복수명사가 오게 됩니다. 그러나, 명사구 ... یکی از 의 핵심 주어는 '하나'이므로, 단수 취급하고, 동사 역시 3인칭 단수 동사를 사용합니다.

예 1 مجموعه‌ی کاخ گلستان یکی از مکان‌های معروف در تهران است.

써봅시다 بنویسیم

1. 자기 가족을 소개하는 글을 써봅시다. 가족은 몇 명입니까? 어디에 살고 있습니까?

2. 형제나 자매가 있습니까? 그들의 이름과 나이 등을 소개하는 글을 써봅시다.

그룹 활동 فعّالیّت گروهی

> 다음을 주제로 친구들과 대화해봅시다.

۱. تو چند سال داری؟

۲. خواهر یا برادر شما چند سال دارد؟

۳. شغل آنها چیست؟

연습문제 تمرین

الف. کامل کنید.

من دانشجو هستم و بیست سال دارم. هرروز در خانه صبحانه می‌خورم. بعد، با مترو به دانشگاه ________ ۱________ (رفتن). هر روز چهار ساعت کلاس دارم. بعداز کلاس، معمولاً در کافی‌شاپ ________ ۲________ (ماندن)، تکلیف‌هایم را ________ ۳________ (نوشتن) و درس‌هایم را ________ ٤ ________ (خواندن). دوستم عصرها به دانشگاه ________ ۵________ (آمدن) و با هم در رستوران دانشگاه شام ________ ٦________ (خوردن). من شب‌ها در خانه معمولاً یک فیلم ایرانی ________ ۷________ (دیدن) و ________ ۸________ (خوابیدن).

ب. واژه‌ی نادرست را پیدا کنید و آن را درست کنید.

۱. من مریم هستم. من بیست سال هستم.

۲. مادرم دکتر هستند و چهل ساله دارند.

۳. دوست شما چند سال است؟

٤. برادر تو چند سال داری؟

فرهنگ ایرانی

이란문화 알아보기

골레스턴 궁전 (کاخ گلستان)

골레스턴 궁전은 이란의 수도 테헤란에 위치한 이란에서 가장 독특한 복합 문화단지 중 하나입니다. 골레스턴 궁전은 지금의 모습을 갖기까지 440여 년이 넘는 긴 시간이 걸렸습니다. 궁전의 기초는 사파비 왕조 시대에 만들어졌고, 캬림 컨 잔드 시대에는 법원이 건설되는 등 변화를 겪게 됩니다. 그리고 마침내 카자르 왕조 시대에 이르러 모함마드 칸이 테헤란으로 수도를 이전하면서, 카자르 왕조의 공식 거주지가 되었습니다. 카자르 왕조 때 골레스턴 궁전은 궁전, 여러 리셉션 홀 등 많은 구조물이 건축되며 큰 규모를 이루게 됩니다. 골레스턴 궁전은 파흘라비 시대에도 공식적인 왕실 행사에 사용되기도 했지만, 1950~1960년대에 이르러 도시의 성장을 방해한다는 이유로 단지 건물의 상당 부분이 파괴되고, 현대적인 스타일의 상업적인 건물이 세워져 현재의 모습을 갖게 되었습니다.

골레스턴 궁전은 테헤란에서 가장 오래된 역사적 기념물 중 하나이며, 궁전, 박물관, 거울 홀(Mirror Hall), 쌀럼 홀(Salam Hall) 등의 개성 있는 건물로 구성되어 있습니다. 또한, 아름다운 정원과 왕실 유산, 이란 공예품 컬렉션과 18~19세기 유럽에서 받은 선물 컬렉션 등을 감상할 수도 있습니다. 골레스턴 궁전은 2013년에 유네스코 세계문화유산으로 등재되었습니다.

MEMO

درس چهارم

04

ساعت دوازده جلسه داریم.

우리는 12시에 회의가 있습니다.

학습목표 시간을 묻고 답하는 표현 및 다양한 시간 표현을 익힙니다.

생각해봅시다

- 시간을 묻고 답하는 방법을 배워봅시다.
- 시간 표현을 활용하여 계획하고 있는 활동에 대해 이야기해봅시다.

학습 내용

주요 표현 및 문법

시간 묻고 답하기

الان ساعت چند است؟

الان ساعت یازده است.

다양한 시간 표현

ساعت یک و نیم

ساعت شش و ربع

ساعت شش و بیست دقیقه

بیست دقیقه به هشت

복합동사의 현재형 활용하기

صبح‌ها ساعت شش بیدار می‌شوید؟

این موزه در تهران، در خیابان سی تیر قرار دارد.

복합동사의 현재형 활용하기

قبل از خواب، کتاب می‌خوانم.

들어봅시다-1 گوش کنیم-۱

1. 하미드와 어버의 대화를 들어봅시다.

2. 대화를 다시 듣고, 다음 질문에 답해봅시다.

۱) آوا ساعت چند جلسه دارد؟

۲) جلسه چند ساعت است؟

۳) حمید تا ساعت چند در اداره است؟

٤) بعد از اداره، حمید چه کار می‌کند؟

3. 같은 내용의 또 다른 대화를 듣고 차이점을 말해보세요.

참·고·하·세·요

- 〈چند ساعت vs. ساعت چند〉

의문사 چند 는 수량을 묻는 의문사입니다. 따라서 이 의문사로 질문을 받게 되는 경우, 그 답은 숫자, 즉 기수가 오게 됩니다. 기수는 단독으로 오기도 하지만 명사와 함께 등장하기도 하는데, 이때 명사와 기수와의 어순에 각별한 주의가 필요합니다.

위의 ساعت چند 와 چند ساعت 는 숫자에 해당하는 의문사 چند와 '시간, 시', 또는 '시계'의 의미를 가진 명사 ساعت 로 이루어져 있고, 어순만 뒤바뀌어 있습니다. 명사 앞에 숫자가 오면 양적인 의미를 나타내며, 명사 뒤에 숫자가 오면 서수의 의미를 갖게 됩니다. 따라서, 숫자가 앞에 오는 چند ساعت는 '몇 시간'을 의미하고, 숫자가 뒤에 위치하는 ساعت چند는 '몇 시', 즉 시각을 나타내는 표현이 됩니다.

함께 말해봅시다-1 با هم صحبت کنیم-۱

다음 대화를 참고하여 시간대별 일정을 이야기해봅시다.

구어체 발음 표기

حمید امروز ساعت چن جلسه دارین؟
آوا الان ساعت یازده اس، ساعت دوازده جلسه داریم.
حمید تا کی جلسه دارین؟
آوا تا ساعت یک و نیم. تو تا ساعت چن تو اداره می‌مونی؟
حمید امروز از ساعت نه تا ساعت دو و نیم کار می‌کنم.
آوا ساعت دو و نیم می‌ری خونه؟
حمید نه، خونه نمی‌رم. ساعت سه با دوستم قرار دارم.
آوا خُب. پس، بعداً می‌بینمت.

문어체 발음 표기

حمید امروز ساعت چند جلسه دارید؟
آوا الان ساعت یازده است، ساعت دوازده جلسه داریم.
حمید تا کی جلسه دارید؟
آوا تا ساعت یک و نیم. تو تا ساعت چند در اداره می‌مانی؟
حمید امروز از ساعت نه تا ساعت دو و نیم کار می‌کنم.
آوا ساعت دو و نیم به خانه می‌روی؟
حمید نه، به خانه نمی‌روم. ساعت سه با دوستم قرار دارم.
آوا خُب. پس، بعداً می‌بینمت.

들어봅시다-2 گوش کنیم-۲

1. 여셔르과 어이더의 대화를 들어봅시다.

2. 대화를 다시 듣고, 다음 질문에 답해봅시다.

۱) الان آناهید کجاست؟

۲) آیدا تا ساعت چند کلاس دارد؟

۳) یاشار با چه کسی قرار دارد؟

3. 같은 내용의 또 다른 대화를 듣고 차이점을 말해봅시다.

함께 말해봅시다-2 با هم صحبت کنیم-۲

다음 대화를 참고하여 시간을 묻고 답하는 연습을 해봅시다. 또한, 친구와 약속시간을 잡는 대화를 해봅시다.

구어체 발음 표기

یاشار آیدا، ساعت چنده؟

آیدا یه لحظه .....شیش و ربعه، امّا ساعت من پنج دیقه عقبه.

یاشار پس الان ساعت شیش و بیس دیقه‌اس. درسته؟

آیدا بله، با کسی قرار داری؟

یاشار بله، کلاس آناهید ساعت هف تموم می‌شه. باهم می‌ریم رستوران دانشگاه. تو هم می‌آی؟

آیدا بله، امّا تا هفت و نیم کلاس دارم و بیس دیقه به هش می‌رسم.

یاشار باشه، اشکالی نداره.

آیدا پس، تو رستوران می‌بینمتون.

문어체 발음 표기

یاشار آیدا، ساعت چند است؟

آیدا یک لحظه ...شش و ربع است، امّا ساعت من پنج دقیقه عقب است.

یاشار پس الان ساعت شش و بیست دقیقه است. درست است؟

آیدا بله، با کسی قرار داری؟

یاشار بله، کلاس آناهید ساعت هفت تمام می‌شود. با هم به رستوران دانشگاه می‌رویم. تو هم می‌آیی؟

آیدا بله، امّا تا هفت و نیم کلاس دارم و بیست دقیقه به هشت می‌رسم.

یاشار باشد، اشکالی ندارد.

آیدا پس، در رستوران می‌بینمتان.

참·고·하·세·요

● 다양한 시간 표현

시간	표현
	ساعت چهار
	ساعت چهار و پنج دقیقه
	ساعت چهار و ده دقیقه
	ساعت چهار و پانزده دقیقه ساعت چهار و ربع
	ساعت چهار و بیست دقیقه
	ساعت چهار و بیست و پنج دقیقه
	ساعت چهار و سی دقیقه ساعت چهار و نیم
	ساعت چهار و سی و پنج دقیقه

참·고·하·세·요

	ساعت چهار و چهل دقیقه ساعت بیست دقیقه به پنج
	ساعت چهار و چهل و پنج دقیقه ساعت یک ربع به پنج
	ساعت چهار و پنجاه دقیقه ساعت ده دقیقه به پنج
	ساعت چهار و پنجاه و پنج دقیقه ساعت پنج دقیقه به پنج
	ساعت پنج

• 시간을 묻는 세 가지 방법

۱. ساعت چند است؟

۲. چه ساعتی است؟

۳. ساعت دارید؟

3번의 표현은 직역하면, '시계를 가지고 있습니까?'이지만, '네' 또는 '아니오'로 답하지 않음을 유의하여야 합니다. 세 가지 질문 모두, 시간을 묻는 표현이므로 '시간을 알려주는 대답'을 해야 합니다.

읽어봅시다-1 بخوانیم-۱

1. 다음 지문을 읽고 물음에 답해봅시다.

‹ کارهای روزانه‌ی من ›

من پریا هستم. صبح‌ها ساعت شش بیدار می‌شوم. هرروز نیم ساعت ورزش می‌کنم. بعد از ورزش، دوش می‌گیرم. ساعت هفت و ربع صبحانه می‌خورم. بعد از صبحانه، مسواک می‌زنم و لباس می‌پوشم. با اتوبوس به اداره می‌روم و ساعت هشت و نیم در اداره هستم. ساعت یک ربع به یک، با همکارم ناهار می‌خورم. تا ساعت پنج در اداره می‌مانم و کار می‌کنم. بعد، به خانه می‌روم و با خانواده شام می‌خورم. قبل از خواب، کتاب می‌خوانم.

۱) پریا هرروز چند ساعت ورزش می‌کند؟

۲) بعد از ورزش، پریا چه کار می‌کند؟

۳) پریا تا ساعت چند کار می‌کند؟

۴) پریا کجا شام می‌خورد؟

۵) قبل از خواب، پریا چه کار می‌کند؟

2. 오디오 파일을 듣고 반복해서 따라 읽어봅시다.

읽어봅시다-2 بخوانیم-۲

1. 다음 지문을 읽고 물음에 답해봅시다.

‹ موزه‌ی ملّی ایران ›

موزه‌ی ملّی ایران بسیار بزرگ است و این موزه در تهران، در خیابان سی‌تیر قرار دارد. موزه‌ی ملّی ایران، دو بخش دارد: موزه‌ی ایران باستان و موزه‌ی اسلامی. در موزه‌ی ایران باستان، اشیاء قبل از اسلام را می‌بینیم. اشیاء این موزه، از سنگ، فلز و سفال هستند. در موزه‌ی اسلامی، اشیاء بعد از اسلام وجود دارد. آنها از شیشه، پارچه و چوب هستند. موزه در بهار و تابستان، هرروز از ساعت نُه صبح تا هفت شب باز است. ساعتِ کار موزه در فصل پاییز و زمستان، از نُه صبح تا پنج بعد از ظهر است. گاهی در روزهای تعطیل کارمندان موزه را دیر باز می‌کنند و زود می‌بندند.

۱) موزه‌ی ملّی ایران کجاست؟

۲) موزه‌ی ملّی ایران چند بخش دارد؟

۳) موزه ساعت چند باز می‌شود؟

۴) موزه در فصل زمستان از چه ساعتی تا چه ساعتی باز است؟

2. 오디오 파일을 듣고 반복해서 따라 읽어봅시다.

문법 دستور

✓ 복합동사 – 2 (복합동사의 현재 활용)

1 복합동사를 활용할 때에는 동사 앞부분은 변형 없이 그대로 두고, 동사 부분만 변형합니다. 예를 들어, 복합동사 کار کردن을 현재 활용한다면, کار는 변형하지 않고, کردن만 일반적인 동사의 현재 활용 형태와 같이 변형시킵니다. 즉, 접두사 می와 현재어근, 그리고 현재 인칭어미를 활용하여 현재형을 만듭니다.

예 1 کار کردن (현재어근: کار کن)

	단수	복수
1인칭	کار می کنم	کار می کنیم
2인칭	کار می کنی	کار می کنید
3인칭	کار می کند	کار می کنند

2 복합동사의 현재 부정형은 접두사 می에 부정접두사 نَـ를 추가하여 만듭니다. 그러나 이때 발음의 변형이 있는데, 두 접두사가 합쳐져 /nemi-/로 발음됩니다.

	단수	복수
1인칭	کار نمی کنم	کار نمی کنیم
2인칭	کار نمی کنی	کار نمی کنید
3인칭	کار نمی کند	کار نمی کنند

✓ 복합전치사 – 2

1 قبل از는 '~의 앞에, 전에'의 의미를 가집니다. (복합전치사에 대한 설명은 3과 참고).

예 1 قبل از خواب، کتاب می‌خوانم.

예 2 در موزه‌ی ایران باستان، اشیاء قبل از اسلام را می‌بینیم.

써봅시다 بنویسیم

1. 복합동사 및 시간 표현을 활용하여 일과를 써봅시다.

2. 우리나라 박물관들의 위치와 운영 시간을 소개하는 글을 써봅시다.

그룹 활동 فعّالیّت گروهی

> 다음을 주제로 친구들과 대화해봅시다.

۱. شب‌ها ساعت چند می‌خوابی؟

۲. معمولاً صبح‌ها ساعت چند بیدار می‌شوی؟

۳. بعد از ظهر، از ساعت یک تا سه چه کار می‌کنی؟

٤. معمولاً ساعت چند به کتابخانه می‌روی؟

연습문제 تمرین

الف. ساعت چند است؟

1) 

____

____

2) 

____

____

3) 

____

____

4) 

____

____

5) 

____

____

ب. کامل کنید.

خانواده‌ی ما چهار نفر هستند. پدر من کارمند است. او ساعت شش صبح ________

۱________ (بیدار شدن) و ________۲________ (دوش گرفتن). قبل از دوش،

نان تازه ________۳________ (خریدن). مادرم صبح‌ها یک ساعت ________۴

________ (ورزش کردن). ساعت هفت و نیم باهم صبحانه ________۵________

(خوردن). پدر از ساعت هشت تا ساعت چهار در اداره ________۶________

(کار کردن). من و برادرم دانش‌آموز ________۷________ (بودن). کلاس ما

ساعت سه ________۸________ (تمام شدن).

پ. انتخاب کنید.

۱. برادر کوچک من کارتون خیلی دوست دارد و هرروز کارتون
(تماشا می‌کند / تماشا می‌کنم).

۲. پدرم معمولاً عصرها یک ساعت روی کاناپه
(استراحت کرد / استراحت می‌کند).

۳. خواهر و برادر بهروز هر دو خلبان هستند و در مجارستان
(زندگی می‌کند / زندگی می‌کنند).

٤. دوستم روانشناس است، اما گاهی کتاب‌های هنری
(مطالعه کرد / مطالعه می‌کند).

۵. سمیرا در ژاپن دانشجو است و هرهفته تلفنی با خانواده‌اش
(صحبت می‌کند / صحبت کرد).

فرهنگ ایرانی

이란문화 알아보기

국립박물관 (موزه‌ی ملّی)

이란 국립 박물관은 테헤란 중심부에 위치한 명실공히 이란에서 가장 크고 중요한 역사박물관입니다. 이란 국립 박물관은 1937년 세워진 이란 고대 박물관과 1972년에 완공된 이슬람 고고학 및 예술 박물관, 두 개의 박물관으로 이루어져 있습니다. 총 18,000m^2 부지에 약 20,000m^{2}의 인프라와 약 30만 개의 유물을 보유하고 있으며, 세계에서 가장 많은 이란 관련 유적들을 볼 수 있는 곳이기도 합니다.

이란 고대박물관은 이란의 유구한 역사를 보여주듯, 구석기시대의 유물부터 아케네메스, 셀레우코스, 파르티아, 사산조 페르시아에 이르는 선사시대와 역사시대를 아우르는 귀중한 유물들이 전시되어 있는데 그중 가장 오래된 것은 무려 80만 년이 넘습니다. 석기 도구, 도자기, 벽화, 타일공예, 귀금속, 석상 등 매우 다채로운 고대 유물들을 만날 수 있습니다.

이슬람 고고학 및 예술 박물관은 7세기 이후 이란이 꽃피운 이슬람 예술의 절정을 볼 수 있는 수많은 작품이 전시되어 있습니다. 도자기부터, 금속 향료, 직물, 이슬람 서예, 희귀 도서 등 1,400여 년 전 이슬람 초기 작품부터 몽골의 침입으로 생겨난 새로운 양식의 작품들, 이란 이슬람 최고의 예술을 꽃피웠던 사파비 시대의 작품 등 중세, 근대까지 아우르는 다양한 시대의 이슬람 유물이 전시되어 있습니다.

MEMO

درس پنجم

05

یک پیراهن سبز خریدم.

나는 초록색 셔츠를 샀습니다.

학습목표 다양한 색상을 표현하는 방법을 익힙니다.

생각해봅시다

- 좋아하는 색에 대하여 이야기해봅시다.
- 다양한 색상 표현을 배워봅시다.

학습 내용

주요 표현 및 문법

색상 묻고 답하기	اتاقت چه رنگی است؟ اتاق من آبی است.
소유대명사 활용하기	مال من صورتی است. مال تو چه رنگی است؟

들어봅시다-1 گوش کنیم-۱

1. 아미르와 쉬머의 대화를 들어봅시다.

2. 대화를 다시 듣고, 다음 질문에 답해봅시다.

۱) عروسی برادر چه کسی است؟

۲) شیما دیروز عصر کجا بود؟

۳) شیما برای عروسی چه چیزی خرید؟

3. 같은 내용의 또 다른 대화를 듣고 차이점을 말해봅시다.

함께 말해봅시다-1 با هم صحبت کنیم-۱

> 다음 대화를 참고하여 지난 요일에 무엇을 했는지 친구들과 대화를 나누어봅시다.

구어체 발음 표기

امیر برا عروسی برادرت لباس داری؟

شیما آره، دارم. کیف و کفش مشکی داشتم، دیروز عصرَم از بازار یه پیراهن سبز خریدم.

امیر سبز تیره یا سبز روشن؟

شیما سبز تیره.

امیر سبز تیره خوش‌رنگه. گرون خریدی؟

شیما نه، ارزون خریدم.

امیر مبارکه.

شیما مرسی.

문어체 발음 표기

امیر برای عروسی برادرت لباس داری؟

شیما بله، دارم. کیف و کفش مشکی داشتم، دیروز عصر هم یک پیراهن سبز خریدم.

امیر سبز تیره یا سبز روشن؟

شیما سبز تیره.

امیر سبز تیره خوش‌رنگ است. گران خریدی؟

شیما نه، ارزان خریدم.

امیر مبارک است.

شیما مرسی.

들어봅시다-2 گوش کنیم-۱

1. 모쥐건과 허메드의 대화를 들어봅시다.

2. 대화를 다시 듣고, 다음 질문에 답해봅시다.

۱) حامد رنگ آبی دوست دارد؟

۲) اتاق و میز مژگان چه رنگی است؟

۳) کمد حامد و خواهرش چه رنگی است؟

3. 같은 내용의 또 다른 대화를 듣고 차이점을 말해봅시다.

함께 말해봅시다-2 با هم صحبت کنیم-۱

> 다음 대화를 참고하여 자신의 방과 가구의 색을 소개해봅시다.

구어체 발음 표기

مژگان اتاقت چه رنگیه؟

حامد اتاق من آبیه، امّا دوست ندارم. مال تو چه رنگیه؟

مژگان مال من صورتیه.

حامد میزت هم صورتیه؟

مژگان نه، میزم قهوه‌ایه. عتیقه اس. قبلاً مال پدربزرگم بود. حالا من از اون استفاده می‌کنم.

حامد جالبه. مال ما هم قهوه‌ایه. من و خواهرم یه میز داریم، سه سال قبل خریدیم.

مژگان کمد من زرده. کمد تو چه رنگیه؟

حامد ما دو کمد داریم. مال من سفیده، مال خواهرم سبزه.

문어체 발음 표기

مژگان اتاقت چه رنگی است؟

حامد اتاق من آبی است، امّا دوست ندارم. مال تو چه رنگی است؟

مژگان مال من صورتی است.

حامد میزت هم صورتی است؟

مژگان نه، میزم قهوه‌ای است. عتیقه است. قبلاً مال پدربزرگم بود. حالا من از آن استفاده می‌کنم.

حامد جالب است. مال ما هم قهوه‌ای است. من و خواهرم یک میز داریم، سه سال قبل خریدیم.

مژگان کمد من زرد است. کمد تو چه رنگی است؟

حامد ما دو کمد داریم. مال من سفید است، مال خواهرم سبز است.

읽어봅시다-1 بخوانیم-۱

1. 다음 지문을 읽고 물음에 답해봅시다.

‹ رنگ کردن خانه ›

اسم من بهار است. اتاق من و اتاق برادرم سفید بود. اتاق پدر و مادرمان طوسی بود. ما برای همه‌ی اتاق‌ها رنگ خریدیم و آنها را رنگ کردیم. من رنگ آبی را دوست دارم، امّا برادرم آبی را دوست ندارد. او رنگ سبز را دوست دارد. مادرم رنگ نارنجی را دوست دارد و پدرم هم رنگ بنفش را خیلی دوست دارد، امّا نارنجی و بنفش برای دیوار اتاق، مناسب نیستند. معمولاً رنگ‌های روشن برای دیوار خانه مناسب هستند. پس، ما رنگ‌های سبز، آبی و کرم خریدیم. الان، اتاق برادرم سبز روشن است و مال من آبی آسمانی است. مال پدر و مادرمان کرم است.

۱) اتاق بهار و برادرش چه رنگی است؟

۲) مادر و پدر بهار چه رنگی را دوست دارند؟

۳) اتاق پدر و مادر بهار چه رنگی است؟

٤) برای خانه چه رنگ‌هایی خوب است؟

2. 오디오 파일을 듣고 반복해서 따라 읽어봅시다.

읽어봅시다-2 بخوانیم-۲

1. 다음 지문을 읽고 물음에 답해봅시다.

‹ نوروز ›

شهاب برای سال نو با مادرش به بازار رفت و لباس خرید. او یک کت و شلوار سرمه‌ای، یک پیراهن سفید و یک کمربند چرمی خرید. مادرش یک کت و دامن کرم و یک چادر مشکی خرید. برای پدرش یک پیراهن آبی و یک کراوات مشکی خریدند. خواهرش هم با آنها بود. او یک مانتوی کوتاه نارنجی خرید. برای مادربزرگش یک روسری بنفش و برای پدربزرگ هم یک کلاه طوسی خریدند. بعد از بازار، به یک فروشگاه کیف و کفش رفتند. از آنجا، فقط خواهرش یک کیف سفید خرید. بعد از فروشگاه، به قنّادی رفتند و شیرینی و آجیل خریدند. ساعت هفت و نیم به خانه برگشتند.

۱) برای سال نو شهاب چه کار کرد؟

۲) برای پدر بزرگ و مادر بزرگ چه چیزی خریدند؟

۳) خواهر شهاب چه چیزهایی خرید؟

۴) بعد از خرید کیف، آنها چه کار کردند؟

2. 오디오 파일을 듣고 반복해서 따라 읽어봅시다.

문법 دستور

✓ 소유대명사

1 소유대명사는 '재산, 소유물'의 의미를 가진 명사 مال과 인칭대명사를 에자페를 통하여 연결하여 만듭니다.

2 형태

	단수	복수
1인칭	مالِ من	مالِ ما
2인칭	مالِ تو	مالِ شما
3인칭	مالِ او	مالِ آنها

3 단, مال 뒤에는 비분리인칭대명사를 접미하지 않습니다.

예 1 مالم (X)

4 다른 명사와 함께 사용되어 소유 관계를 나타냅니다.

예 1 مالِ دانشگاه تهران / مالِ مریم

✓ 의문형용사 چه + 명사 + /i/

1 '무엇'이라는 의미의 의문사 چه 는 부사적으로뿐만 아니라 형용사적으로 사용될 수 있습니다.

2 형용사로 사용되는 경우, 명사 앞에서 명사를 수식하게 됩니다.

3 이때, 제약이 있는데, 명사 뒤에는 반드시 /i/ 음가를 가진 접미사가 붙게 된다는 것입니다. /i/ 음가는 명사의 음절말에 오는 철자 및 발음에 따라 각기 다른 형태를 가집니다.

예 1 چه مانتویی ... / چه خانه‌ای ... / چه کتابی ...

참·고·하·세·요

● 다양한 색상

색상	표현
	قرمز
	نارنجی
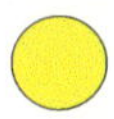	زرد
	سبز
	آبی
	بنفش
	قهوه‌ای
	سرمه‌ای
	بژ
	کرم
	سفید
	طوسی / خاکستری
	سیاه / مشکی

써봅시다 بنویسیم

1. 자신의 방과 방안의 가구와 물품들의 색상을 설명하는 글을 써봅시다.

2. 자신이 좋아하는 옷에 대해 설명해봅시다.

그룹 활동 فعّالیّت گروهی

> 아래의 옷장을 보고, 친구들과 대화해봅시다.

۱. کدام لباس آبی است؟

۲. آن کیف چه رنگی است؟

۳. کفش او چه رنگی است ؟

연습문제 تمرین

الف. کامل کنید.

رنگ کرد	سفید	مال خواهرم	مانتوی	قهوه‌ای	مال من

خانه‌ی ما دو طبقه دارد. اتاق‌های ما در طبقه‌ی دو است. اتاق خواهرم بزرگ است، امّا ________١________ کوچک است. اتاق من آبی است و ________٢________ سبز است. اتاق ما تمیز و قشنگ است. خواهرم یک کمد ________٣________ داشت، امّا او رنگ قهوه‌ای دوست ندارد. او کمدش را ________٤________ ، الان کمد او آبی است. او معمولاً ________٥________ سرمه‌ای و کوتاه می‌پوشد. روسری‌های او ________٦________ و مشکی هستند.

ب. وصل کنید.

١. این جعبه‌ی بژ مال پونه و رژان است؟

٢. این پالتوی پشمی مال شماست؟

٣. دمپایی صورتی مال من نیست.

٤. دوچرخه‌ی سبز مال مهتاب است؟

الف. می‌دانم، مال نهال است.

ب. بله، او معمولاً ورزش می‌کند.

پ. نه، مال من نیست، مال پیام است.

ت. نه، مال آنها نیست، مال آنها در کابینت است.

فرهنگ ایرانی

이란문화 알아보기

이란의 새해: 노루즈 (نوروز)

‘노루즈’는 이란 새해의 첫날을 뜻하는 날이자, 새해의 시작을 축하하는 고대부터 이어져 온 가장 오래된 축일 중 하나입니다. 이란은 전통적으로 태양력을 이용한 달력을 사용하고 있는데, 노루즈는 절기상 춘분에 해당하며 북반구에서 봄이 처음 시작되는 날이기도 합니다, 이란력 1월 1일은 서기력 3월 20일 혹은 21일경에 해당합니다.

노루즈는 고대부터 중앙아시아, 코카서스, 흑해 연안 등에 존재하는 축일이었고 특히, 고대 이란에서 축일로 중요하게 기려져 왔습니다. 노루즈라는 말은 아베스타어에서 유래된 것으로 보고 있으며, 이란인에게 노루즈는 자연의 부활, 식물의 성장과 탄생의 시작이며, 자연과 동시에 새로운 정신과 태도로 새로운 날을 맞이한다는 의미가 있습니다. 이란뿐만 아니라 아프가니스탄에서도 이란력을 사용하고 있으며, 현재는 이란력을 사용하고 있지는 않지만 타지키스탄, 키르기스스탄, 투르크메니스탄 등을 비롯한 중앙아시아 지역과, 코카서스 국가 일부 중국, 터키, 인도, 파키스탄 등의 국가에서도 노루즈는 전통적인 축일로 자리 잡고 있습니다.

노루즈는 인류의 문화적, 정신적 유산으로 유네스코 세계유산으로 등재되어 있으며, 2010년에 UN에서는 ‘국제 노루즈의 날’을 공식적으로 인정하기도 했습니다.

درس ششم

06

دویست و پنجاه تومان ارزان‌تر خریدی؟

너 25만 토만 더 싸게 샀니?

학습목표 두 가지 대상을 비교하는 방법을 익힙니다.

생각해봅시다

- 두 가지 대상을 비교하는 방법을 생각해봅시다.
- 100단위 이상의 수를 활용하여 물건의 가격을 묻고 답하는 방법을 배워봅시다.

학습 내용

주요 표현 및 문법

비교하기	دویست و پنجاه هزار تومان ارزان‌تر خریدی! لباسشویی کوچک‌تر از این هم دارید؟
100 이상의 숫자 표현	شش میلیون و چهارصد هزار تومان پنج میلیون

들어봅시다-1　　گوش کنیم-۱

1. 러민과 비터의 대화를 들어봅시다.

2. 대화를 다시 듣고, 다음 질문에 답해봅시다.

۱) بیتا جاروبرقی را چند خرید؟

۲) فروشگاه اطلس کجا قرار دارد؟

۳) چرا بیتا جاروبرقی را ارزان خرید؟

3. 같은 내용의 또 다른 대화를 듣고 차이점을 말해봅시다.

함께 말해봅시다-1 با هم صحبت کنیم-۱

> 다음 대화를 참고하여 최근에 구입한 물건에 대한 정보를 묻고 답하는 대화를 해봅시다.

구어체 발음 표기

رامین	این جارو برقی جدیده؟
بیتا	آره، دیروز خریدم.
رامین	از کجا؟
بیتا	از فروشگاه اطلس.
رامین	فروشگاه اطلس کجاس؟
بیتا	خیابون انقلاب، بعد از میدون فردوسی، روبروی کتابفروشی چشمه.
رامین	چن خریدی؟
بیتا	یه میلیون تومن بود، امّا من هفصد و پنجاه هزار تومن خریدم.
رامین	دویس و پنجاه هزار تومن ارزون‌تر خریدی؟
بیتا	آره، حراج بود.
رامین	مبارکه.
بیتا	خیلی ممنون.

문어체 발음 표기

رامین	این جاروبرقی جدید است؟
بیتا	بله، دیروز خریدم.
رامین	از کجا؟
بیتا	از فروشگاه اطلس.
رامین	فروشگاه اطلس کجاست؟
بیتا	خیابان انقلاب، بعد از میدان فردوسی، روبروی کتابفروشی چشمه.
رامین	چند خریدی؟
بیتا	یک میلیون تومان بود، امّا من هفتصد و پنجاه هزار تومان خریدم.
رامین	دویست و پنجاه هزار تومان ارزان‌تر خریدی؟
بیتا	بله، حراج بود.
رامین	مبارک است.
بیتا	خیلی ممنون.

들어봅시다-2 گوش کنیم-۲

1. 아쌀과 가게 직원의 대화를 들어봅시다.

2. 대화를 다시 듣고, 다음 질문에 답해봅시다.

۱) کدام لباسشویی کوچک‌تر بود؟

۲) عسل کدام لباسشویی را خرید؟

۳) لباسشویی چقدر تخفیف داشت؟

3. 같은 내용의 또 다른 대화를 듣고 차이점을 말해봅시다.

함께 말해봅시다-2 با هم صحبت کنیم-۲

> 다음 대화를 참고하여 물건을 사고파는 역할극을 수행해봅시다.

구어체 발음 표기

عسل آقا، این ماشین لباسشویی سفید چنده؟

فروشنده شیش میلیون و چهار صد هزار تومن.

عسل ماشین لباسشویی کوچیک‌تر از اینَم دارین؟

فروشنده بله. اون ماشین لباسشویی سیاه، کوچکتره.

عسل قیمتش چنده؟

فروشنده پنج میلیون و سیصدهزار تومن.

عسل خوبه، امّا خیلی گرونه. تخفیف نداره؟

فروشنده مممم ... پنج میلیون. خوبه؟

عسل دست شما درد نکنه.

فروشنده خواهش می‌کنم، مبارکه.

문어체 발음 표기

عسل آقا، این ماشین لباسشویی سفید چند است؟

فروشنده شش میلیون و چهارصد هزار تومان.

عسل ماشین لباسشویی کوچک‌تر از این هم دارید؟

فروشنده بله. آن ماشین لباسشویی سیاه، کوچک‌تر است.

عسل قیمتش چند است؟

فروشنده پنج میلیون و سیصد هزار تومان.

عسل خوب است، امّا خیلی گران است. تخفیف ندارد؟

فروشنده مممم ... پنج میلیون. خوب است؟

عسل دست شما درد نکند.

فروشنده خواهش می‌کنم، مبارک است.

참·고·하·세·요

● 〈 ریال 과 تومان 〉

이란의 공식 화폐 단위는 ریال입니다. 그러나 일상생활에서 주로 사용하는 화폐의 단위는 تومان 입니다. ۱۰ ریال은 ۱ تومان 이 됩니다. تومان 이 일반적인 대화에서는 물론 가격표 및 영수증 등에도 사용되는 경우가 많기 때문에 물가를 알지 못한다면, 화폐단위를 확인할 필요가 있습니다.

비공식적으로 이 화폐 단위가 사용되는 방법 중 하나는 ۱ تومان 이 ۱۰/۰۰۰ ریال을 나타내는 표현으로 사용되기도 한다는 것입니다. ۲۰ تومان이면, 20만 ریال(۲۰۰/۰۰۰ ریال)을 나타낼 수도 있습니다.

최근에는 ریال의 화폐가치가 떨어지자, ۱۰/۰۰۰ ریال을 ۱ تومان 으로 하는 새로운 화폐단위(تومان)에 대한 법안이 통과되었습니다. 2020년에서 2022년 사이에는 이란의 공식 화폐가 تومان 으로 변경될 것으로 보입니다.

읽어봅시다-1 بخوانیم-۱

1. 다음 지문을 읽고 물음에 답해봅시다.

‹ در خانه‌ی جدید ›

دیروز وسایل را به خانه‌ی جدید بردیم. این خانه بهتر از خانه‌ی قبلی است. کوچه‌ی جدیدمان تمیزتر است. خانه‌ی جدید دو طبقه دارد. در طبقه‌ی دو، اتاق‌ها قشنگ‌تر و روشن‌تر هستند. اتاق من کوچک‌تر از اتاق خواهرم است. آشپزخانه یک پنجره‌ی بزرگ دارد. ماشین ظرفشویی کنار پنجره است و روبروی آن، یخچال قرار دارد. روی یخچال یک گلدان کوچک گذاشتیم. میز ناهارخوری وسط آشپزخانه است. گاز را نزدیک ظرفشویی گذاشتیم. لیوان‌ها و بشقاب‌ها در کابینت است. آشپزخانه کوچک بود، پس ماشین لباسشویی را در حمّام گذاشتیم.

۱) اتاق‌های خانه‌ی جدید بهتر است یا خانه‌ی قبلی؟ چرا؟

۲) گلدان کجا قرار دارد؟

۳) روبروی یخچال چیست؟

۴) چرا ماشین لباسشویی را در حمّام گذاشتند؟

2. 오디오 파일을 듣고 반복해서 따라 읽어봅시다.

읽어봅시다-2 بخوانیم-۲

1. 다음 지문을 읽고 물음에 답해봅시다.

‹ بازارهای سنّتی تهران ›

در تهران دو بازار سنّتی وجود دارد: بازار بزرگ تهران و بازار تجریش. بازار بزرگ تهران یک بازار قدیمی و سنّتی است و در مرکز شهر قرار دارد. روزانه بسیاری از مردم از این بازار خرید می کنند. بازار تجریش در شمال شهر است. این بازار کوچک‌تر از بازار بزرگ است. بازار بزرگ تهران قدیمی‌تر از بازار تجریش است. تقریباً همه چیز در بازار از فروشگاه‌ها و پاساژها ارزان‌تر است. پس، بازارها همیشه شلوغ هستند. نزدیک سال نو و شروع مدرسه، مردم بیشتر به بازار می‌روند. بنابراین، بازارها شلوغ‌تر می‌شوند.

۱) بازار بزرگ تهران قدیمی‌تر است یا بازار تجریش؟

۲) چرا بازارها همیشه شلوغ هستند؟

۳) چه زمانی بازارها شلوغ‌تر هستند؟

2. 오디오 파일을 듣고 반복해서 따라 읽어봅시다.

문법 دستور

✓ 비교급

1 비교급은 영어와 같이 접미사를 이용하여 표현합니다.

2 비교급 접미사를 부가할 수 있는 품사는 형용사와 부사입니다.

3 형태: 형용사 혹은 부사에 접미사 تر를 부가합니다. 접미사는 형용사나 부사에 바로 연결하여 쓰기도 하고, 분리해서 쓰기도 합니다.

예 1 بزرگ → بزرگتر / بزرگ‌تر

4 묵음의 ه 나 , ی ,ت로 끝나는 형용사와 부사에는 접미사를 반드시 분리해서 표기합니다.

예 1 خسته → خسته‌تر
سخت → سخت‌تر

5 일부 형용사나 부사는 불규칙한 형태의 비교급을 사용합니다.

예 1 خوب → بهتر
زیاد → بیشتر (زیادتر)

6 명사구 내에서 비교급 형용사는 명사 뒤에 위치합니다.

예 1 کتاب بزرگتر

예 2 دختر زرنگ‌تر

7 문장 내에서 비교급을 활용하는 경우, 비교 대상 앞에 전치사 از를 사용합니다. 이때, 전치사 از를 포함하는 전치사구는 비교급 형용사 앞 또는 뒤에 위치할 수 있습니다.

예 1 این گل از آن گل قشنگ‌تر است

예 2 این گل قشنگ‌تر از آن گل است.

✓ 수사(기수) : 100 이상의 수

1 100이나 1000 이상의 숫자도 '그리고'를 의미하는 접속사 و 를 활용하여 표현합니다. 즉, 256은 '200 그리고 50 그리고 6'과 같이 표현합니다.

2 100단위의 수(200~1000)

100	۱۰۰	صد	600	٦۰۰/۶۰۰	ششصد
200	۲۰۰	دویست	700	۷۰۰	هفتصد
300	۳۰۰	سیصد	800	۸۰۰	هشتصد
400	٤۰۰/۴۰۰	چهارصد	900	۹۰۰	نهصد
500	٥۰۰/۵۰۰	پانصد	1000	۱۰۰۰	هزار

예 1

384 سیصد و هشتاد چهار ۳۸٤

719 هفتصد و نوزده ۷۱۹

1,013 هزار و سیزده ۱۰۱۳

3 1000자리의 수는 규칙적으로 활용됩니다. 즉 2000은 دو هزار, 3000은 سه هزار와 같은 형식입니다.

써봅시다 بنویسیم

1. 주변의 다양한 물체들을 비교하는 글을 써봅시다.

2. 서울과 부산 중 어느 도시가 더 좋습니까? 그 이유를 글로 써봅시다.

그룹 활동 فعّاليّت گروهی

> 아래 그림을 보고, 이 장소에 대하여 친구와 이야기를 나누어봅시다.

참·고·하·세·요

● 가재도구

종류	명칭	종류	명칭
	یخچال		رادیو
	فریزر		مبل
	کابینت		کولر
	ماکروفر		شوفاژ
	تلویزیون		تختخواب
	تلفن		ماشین‌ظرفشویی

연습문제 تمرین

الف. کامل کنید.

کوچک‌تر	خلوت‌تر	گران‌تر	روشن‌تر	کوتاه‌تر

۱. اتاق من پنجره دارد، امّا مال خواهرم ندارد. اتاق من __________ است.

۲. علی ۱۷۵ سانتی‌متر است. سینا ۱۸۰ سانتی‌متر است. علی __________ از سیناست.

۳. تی‌شرت، پنجاه هزار تومان است. پیراهن، هفتاد و پنج هزار تومان است. پیراهن __________ از تی‌شرت است.

٤. کلاس مریم ۲۰ دانشجو دارد. کلاس مینا، ۲٦ دانشجو دارد. کلاس مریم __________ از کلاس میناست.

۵. خانه‌ی ما سه اتاق خواب دارد. خانه‌ی آنها یک اتاق خواب دارد. خانه‌ی آنها __________ از خانه‌ی ماست.

ب. با توجّه به جدول، جمله ها را کامل کنید.

	آقای مرادی	آقای حسینی	آقای فهیم
سن	٤٣	٣٩	٤٣
قد	١٧٥	١٨٢	١٧٠
وزن	٨٠	٨٦	٧٥

١. آقای مرادی چهل و سه سال دارد. او ______ از آقای حسینی است.

٢. قدّ آقای حسینی ١٨٢ سانتیمتر است. آقای حسینی ______ از آقای مرادی است.

٣. آقای فهیم و آقای مرادی هم‌سن هستند، امّا قدّ آقای فهیم ______ از آقای مرادی است.

٤. وزن آقای حسینی ______ از آقای مرادی است. وزن او ٨٦ کیلوگرم است.

٥. آقای فهیم و آقای مرادی هم وزن نیستند. وزن آقای فهیم ______ از آقای مرادی است.

فرهنگ ایرانی
이란문화 알아보기

이란의 전통시장 (بازارهای سنّتی در ایران)

버저르(بازار)는 페르시아어로 시장이라는 말로, 전통시장은 이란의 모든 지역에 중요하게 자리 잡고 있습니다. 예로부터 이란에는 '버저르에서 찾을 수 없는 것은 이 세상에 존재하지 않는다'는 말이 있습니다. 그만큼 버저르에 대한 자부심이 대단한데 단순히 물건을 사고파는 곳이라는 의미 외에도 그 지역의 역사와 문화를 나타낸다는 점에서 큰 문화적 가치가 있습니다.

이란에는 다양한 민족이 모여 있는 만큼 전통 시장은 그 지역에 주로 거주하는 민족의 특산품이나 생활양식을 보여주기도 합니다. 지역별로 수공예나 특산품을 보면 각 지역의 전통시장만의 특별한 개성을 엿볼 수 있습니다.

이란 북부에는 특색 있는 전통 시장이 많이 있습니다. 이란에서도 북부는 음식이 맛있기로 유명한데, 이런 사실을 반영하듯 다양한 종류의 토르쉬(피클과 비슷한 음식에 곁들여 먹는 음식), 여러 과일 및 채소로 맛을 낸 올리브, 전통 치즈 등 특히 음식 종류가 맛있기로 유명합니다. 럼싸르 버저르, 머술레 버저르 등이 잘 알려져 있습니다.

이란 남부는 페르시아만과 인접해 있어 무역이 이루어지는 곳입니다. 그래서 이곳의 전통 시장은 다양한 해산물, 향신료, 전자제품, 담배, 외국 물품 등이 활발하게 거래되고 있습니다. 이 지역은 더운 날씨 때문에 야시장도 매우 발달해 있습니다. 반다르압버스 시장, 처바허르 시장, 게쉼 시장 등이 유명합니다.

그리고 이란에서 관광지로도 유명한 유서 깊은 버저르도 있습니다. 에스파헌 버저르는 이란에서 가장 오래되고 유명한 버저르로, 이슬람 예술의 중심지인 에스파헌의 다양한 공예와 예술을 그대로 보여주고 있습니다. 쉬러즈의 바킬 버저르는 다른 지역보다 높은 층고와 기품을 느껴지는 지붕, 다양한 종류의 약초, 식물을 구비한 곳으로 특별한 매력을 가진 곳입니다. 또한 커션의 버저르는 이란 이슬람 건축의 아름다운 양식을 볼 수 있는 곳으로 손꼽힙니다. 테헤란의 그랜드 버저르 역시 이란 상업의 중심지 역할을 하며 큰 규모로 사람들의 활기가 넘치는 곳으로 유명합니다.

MEMO

درس هفتم

07

لطفاً منو را به من بدهید.

저에게 메뉴를 주세요.

학습목표 단수 및 복수의 상대방에게 명령 및 요청하는 방법을 익힙니다.

생각해봅시다

- 이란의 전통음식에 대하여 알고 있는 것들을 이야기해봅시다.
- 상대방에게 명령/요청하는 방법을 배워봅시다.

학습 내용

주요 표현 및 문법

명령문

بیشتر بخور.

لطفاً منو را به من بدهید.

برای من دوغ بیاورید، لطفاً.

음식의 맛 표현하기

خیلی خوشمزّه بود.

معمولاً غذاهای ایرانی چرب هستند.

خیلی خوشمزّه و ترش است.

들어봅시다-1 گوش کنیم-۱

1. 수더베과 수더베의 엄마, 그리고 민준의 대화를 들어봅시다.

2. 대화를 다시 듣고, 다음 질문에 답해봅시다.

۱) چرا مامان به سودابه گفت: «یواش بخور دخترم»؟

۲) چه کسی خیلی گرسنه بود؟

۳) آیا مین‌جون کم غذا خورد؟

٤) چه غذایی برای شب مناسب است؟

٥) معمولاً غذاهای ایرانی چطور هستند؟

3. 같은 내용의 또 다른 대화를 듣고 차이점을 말해봅시다.

함께 말해봅시다-1 با هم صحبت کنیم-۱

> 다음 대화를 참고하여 음식을 서로 권하는 대화를 해봅시다. 음식의 맛도 표현해봅시다.

구어체 발음 표기

سودابه　این غذا خیلی خوشمزّه‌اس، ممنون مامان.

مامان　نوش جان! یواش بخور دخترم، خیلی داغه.

سودابه　آخه، خیلی گرسنه‌ام. مین‌جون، تو چرا نمی‌خوری؟

مامان　آره، مین‌جون جان، بیشتر بخور. دوست نداری؟

مین‌جون　چرا، خیلی خوشمزّه‌اس. زیاد خوردم، سیر شدم. ممنون.

مامان　نوش جان! این غذا سبکه و برا شب مناسبه.

مین‌جون　بله، درسته. امّا معمولاً غذاهای ایرانی چرب هستن و من کم می‌خورم.

문어체 발음 표기

سودابه　این غذا خیلی خوشمزّه است. ممنون مامان.

مامان　نوش جان! یواش بخور دخترم، خیلی داغ است.

سودابه　آخر، خیلی گرسنه‌ام. مین‌جون، تو چرا نمی‌خوری؟

مامان　بله، مین‌جون جان، بیشتر بخور. دوست نداری؟

مین‌جون　چرا، خیلی خوشمزّه است. زیاد خوردم، سیر شدم. ممنون.

مامان　نوش جان! این غذا سبک است و برای شب مناسب است.

مین‌جون　بله، درست است. امّا معمولاً غذاهای ایرانی چرب هستند و من کم می‌خورم.

참·고·하·세·요

- 〈نوش جان〉

이 표현은 '(당신) 영혼의 꿀(이 되길)', '영혼의 영양가(가 되길)' 등으로 직역할 수 있습니다. 이는 주로 식사 전에 '맛있게 드세요'라는 의미를 전달하기 위해 사용합니다.

영어의 Cheers!나 프랑스어의 bon appétit!에 해당하는 표현입니다.

들어봅시다-2 گوش کنیم-۲

1. 비잔과 민지, 그리고 종업원의 대화를 들어봅시다.

2. 대화를 다시 듣고, 다음 질문에 답해봅시다.

۱) مین‌جی قورمه‌سبزی دوست دارد؟ چرا؟

۲) نوشیدنی بیژن چه بود؟

۳) بیژن و مین‌جی چند سالاد سفارش دادند؟

3. 같은 내용의 또 다른 대화를 듣고 차이점을 말해봅시다.

함께 말해봅시다-2 با هم صحبت کنیم-۲

> 다음 대화를 참고하여 음식을 선택하고 주문하는 연습을 해봅시다.

구어체 발음 표기

پیشخدمت	چی میل دارین؟
بیژن	لطفاً منو را به من بدین.
پیشخدمت	بفرمایین.
بیژن	مین‌جی، اوّل تو انتخاب کن.
مین‌جی	من غذاهای ایرانیو نمی‌شناسم. لطفاً برا منم تو سفارش بده.
بیژن	من قورمه‌سبزی می‌خورم. خیلی خوشمزّه و ترشه، می‌خوری؟
مین‌جی	من غذای ترش نمی‌خورم. غذای شیرینو بیشتر دوست دارم.
	....
بیژن	آقا، لطفاً یه پرس قورمه‌سبزی و یه پرس شیرین‌پلو بیارین.
پیشخدمت	نوشیدنی چی؟
بیژن	برا من دوغ بیارین، لطفاً.
مین‌جی	من کوکا می‌خورم، ممنون.
پیشخدمت	سالاد، ماست و زیتون نمی‌خورین؟
بیژن	چرا، لطفاً یه سالاد و یه زیتونَم بیارین.

함께 말해봅시다-2 با هم صحبت کنیم-۲

> 다음 대화를 참고하여 음식을 선택하고 주문하는 연습을 해봅시다.

문어체 발음 표기

پیشخدمت چی میل دارید؟
بیژن لطفاً منو را به من بدهید.
پیشخدمت بفرمایید.
بیژن مین‌جی، اوّل تو انتخاب کن.
مین‌جی من غذاهای ایرانی را نمی‌شناسم. لطفاً برای من هم تو سفارش بده.
بیژن من قورمه‌سبزی می‌خورم. خیلی خوشمزّه و ترش است، می‌خوری؟
مین‌جی من غذای ترش نمی‌خورم. غذای شیرین را بیشتر دوست دارم.
....
بیژن آقا، لطفاً یک پرس قورمه‌سبزی و یک پرس شیرین‌پلو بیاورید.
پیشخدمت نوشیدنی چی؟
بیژن برای من دوغ بیاورید، لطفاً.
مین‌جی من کوکا می‌خورم، ممنون.
پیشخدمت سالاد، ماست و زیتون نمی‌خورید؟
بیژن چرا، لطفاً یک سالاد و یک زیتون هم بیاورید.

참·고·하·세·요

● **맛 표현**

표현	의미
خوشمزّه	맛있는
بدمزّه	맛없는
بی‌مزّه	싱거운
شیرین	달콤한
شور	짠
تند	매운
تلخ	쓴
ترش	신

읽어봅시다-1 بخوانیم-۱

1. 다음 지문을 읽고 물음에 답해봅시다.

〈 **پخت قورمه‌سبزی** 〉

سبزی قورمه‌سبزی را پاک کنید، بشویید و خرد کنید. سپس، پیاز را خرد کنید. قابلمه را روی گاز بگذارید. گاز را روشن کنید و در قابلمه کمی روغن بریزید. پیازها را در روغن سرخ کنید. بعد، گوشت را خرد کنید و به پیاز اضافه کنید. بعد از ده دقیقه، نمک و زردچوبه را اضافه کنید و روی آنها آب بریزید. بعد از نیم ساعت، سبزی و لوبیا قرمز را در قابلمه بریزید و لیموی خشک را هم اضافه کنید. در آخر، در قابلمه را بگذارید و گاز را کم کنید. بعد از سه ساعت غذا آماده است.

۱) برای قورمه‌سبزی، چه چیزهایی را خرد می‌کنیم؟

۲) برای قورمه‌سبزی، گوشت و پیاز را آبپز می‌کنیم؟

۳) به قورمه‌سبزی چه ادویه‌هایی اضافه می‌کنیم؟

٤) تقریباً چند ساعت برای پختن غذا لازم است؟

2. 오디오 파일을 듣고 반복해서 따라 읽어봅시다.

읽어봅시다-2 با هم صحبت کنیم-۲

1. 다음 지문을 읽고 물음에 답해봅시다.

‹ غذاهای ایرانی ›

غذای اصلی مردم ایران نان و برنج است. آنها برای ناهار اغلب برنج و خورشت، آبگوشت، چلوکباب، جوجه‌کباب، ماهی و.... می‌خورند؛ امّا برای صبحانه معمولاً نان، پنیر، خامه، کره، عسل و مربّا می‌خورند. غذاهای ایرانی بسیار متنوّع هستند؛ در هر شهر یک غذای مخصوص و معروف وجود دارد؛ در اصفهان «بریانی» را امتحان کنید، در رشت «میرزا قاسمی» و در ساری «ماهی شکم‌پر» بخورید. در زمستان حتماً آش ایرانی را امتحان کنید، خیلی خوشمزّه و خوردنی است. عسل اردبیل بسیار خوب است؛ به اردبیل بروید و برای صبحانه خامه و عسل بخورید. شیرینی‌ها و دسرهای ایرانی هم بسیار متنوّع و خوشمزّه‌اند؛ مثل: بستنی سنّتی، فالوده، شله زرد و مسقطی.

۱) ایرانی‌ها برای صبحانه چه چیزی می‌خورند؟

۲) آش در چه فصلی مناسب است؟

۳) آیا فالوده یک غذای ایرانی است؟

۴) چند دسر ایرانی بنویسید.

۵) غذای معروف اصفهان چیست؟

۶) کدام شهر خامه و عسل خوبی دارد؟

2. 오디오 파일을 듣고 반복해서 따라 읽어봅시다.

문법 دستور

✓ 명령형

1 직접명령은 대화하는 상대방이 명령의 대상이 되므로, 2인칭 단수와 복수의 두 가지 형태가 존재합니다.

2 명령형은 접두사 بِ 에 현재어근 및 현재형 어미를 추가하여 만듭니다. 단, 2인칭 단수에 대한 명령형을 만들 때는 인칭어미는 사용하지 않습니다.

예 1 بخوان!

예 2 بخوانید!

3 일부 동사에는 명령형 접두사 بِ를 생략할 수 있습니다.

예 1
بیدار شو! ← (بیدار شو) بیدار شدن
کار کنید! ← (کار کن) کار کردن

4 현재어근이 آ 로 시작되는 경우, /be/의 음가가 /bi/로 변경됩니다.

예 1 بیا! / بیایید! ← (آ) آمدن

5 현재어근이 ا , 즉 /a/ 또는 /o/로 시작되는 경우, /be/의 음가가 /bi/로 변경됩니다.

예 1
بینداز! / بیندازید! ← (انداز) انداختن
بیفت! / بیفتید! ← (افت) افتادن

6 부정명령문은 부정접두사 نَ 를 활용합니다. 단, 접두사 بِ 와 نَ 는 동시에 사용할 수 없으므로, 부정명령문을 만들 때에는 접두사 بِ 를 생략합니다.

예 1 نرو!

예 2 نروید!

7 동사 بودن 은 현재어근 باش 를 활용하여 불규칙한 형태의 명령형을 사용합니다. 접두사가 추가되지 않으며, 2인칭 단수에 대한 명령형은 باش 를 그대로, 2인칭 복수에 대한 명령형은 باش에 2인칭 복수어미(باش)를 활용하여 명령형을 만듭니다(باشید). (접두사 بِـ 가 사용되지 않았으므로, 부정형으로 바꿀 때는 명령형 앞에 부정접두사 نَـ 를 그대로 추가합니다(نباش / نباشید).

8 동사 داشتن은 이 동사의 과거분사형인 داشته와 بودن 동사의 명령형을 활용합니다. (داشته باش / داشته باشید).

써봅시다 بنویسیم

1. 한국의 유명한 요리는 무엇입니까? 조리법을 글로 써봅시다.

2. 생일이나 명절 등 특별한 날의 식단에 대한 글을 써봅시다.

그룹 활동 فعّالیّت گروهی

> 다음 음식에 대하여 다양한 질문을 주고받으며 이야기해봅시다.

۱. این خوراکی‌ها چه مزّه‌ای دارند؟

۲. شما چه غذایی (را) دوست دارید؟

۳. شما چه مزّه‌ای (را) دوست دارید؟

연습문제 تمرین

الف. کامل کنید.

۱. مریم جان، اینجا هوا گرم است. لطفاً پنجره را __________ (باز کردن).

۲. او قهوه‌ی شیرین می‌خورد. لطفاً کمی شکر __________ (اضافه کردن).

۳. دو ساعت وقت داریم. لطفاً آرام غذا __________(خوردن).

٤. علی، این دسر خیلی خوشمزّه است. لطفاً آن را __________(امتحان کردن).

۵. قبل از غذا، لطفاً دستهایتان را خوب __________(شستن).

ب. انتخاب کنید.

۱. این روزها هوا خیلی سرد است. لباس گرم __________.

الف. بپوشید　　ب. بروید

پ. بشویید　　ت. ببینید

۲. فردا امتحان مهمّی داری. امشب، به‌موقع __________.

الف. ببند　　ب. بخور

پ. بنشین　　ت. بخواب

۳. خانه خیلی تاریک است. لطفاً لامپ‌ها را ___________.

الف. کمک کن ب. روشن کن

پ. باز کن ت. تماشا کن

٤. لباس‌هایتان خیلی چروک است. آنها را ___________.

الف. اتو کنید ب. مطالعه کنید

پ. استراحت کنید ت. کم کنید

۵. تو کتاب زیاد داری. کتاب‌های قدیمی‌ات را به کتابخانه ___________.

الف. بگیر ب. بده

پ. بیا ت. برو

فرهنگ ایرانی

이란문화 알아보기

이란의 음식 (غذاهای ایرانی)

이란의 음식은 한국의 음식만큼 다양하고, 많은 정성이 들어가는 요리들이 많습니다. 수프, 스튜, 케밥 등의 다양한 형태의 요리가 있습니다.본문에서 조리법이 소개된 '고르메 사브지'는 이란의 국민 음식이라고 불릴 만큼 이란 사람들이 가장 좋아하는 음식으로 꼽힙니다.

또한 이란 사람들은 케밥 종류를 밥 또는 빵과 함께 많이 먹습니다. 케밥이라고 하면, 터키 케밥만 생각하는 경우가 많지만, 케밥은 중동 국가 어디에서나 흔히 찾아 볼 수 있는 음식입니다. 케밥은 고기를 꼬치에 끼워서 구운 것으로, 양고기나 닭고기 등이 그 재료로 사용됩니다.

이러한 음식들이 조리되는 곳, 즉 부엌은 페르시아어로 آشپزخانه라고 불립니다. 이는 이란의 전통 가정의 부엌에서는 늘 어쉬(آش)라고 불리는 스프를 끓이고 있었기(동사 요리하다의 어근: پز)때문에 붙여진 이름이라고 합니다. 어쉬는 장기간 정성을 들여서 만드는 요리로, 이란인들에게 사랑받는 요리 중 하나입니다.

MEMO

درس هشتم

08

ایستگاه هفتم پیاده شوید.

일곱 번째 정류장에서 하차하세요.

학습목표 순서를 나타내는 방법을 활용하여 길을 안내하는 표현 방법을 익힙니다.

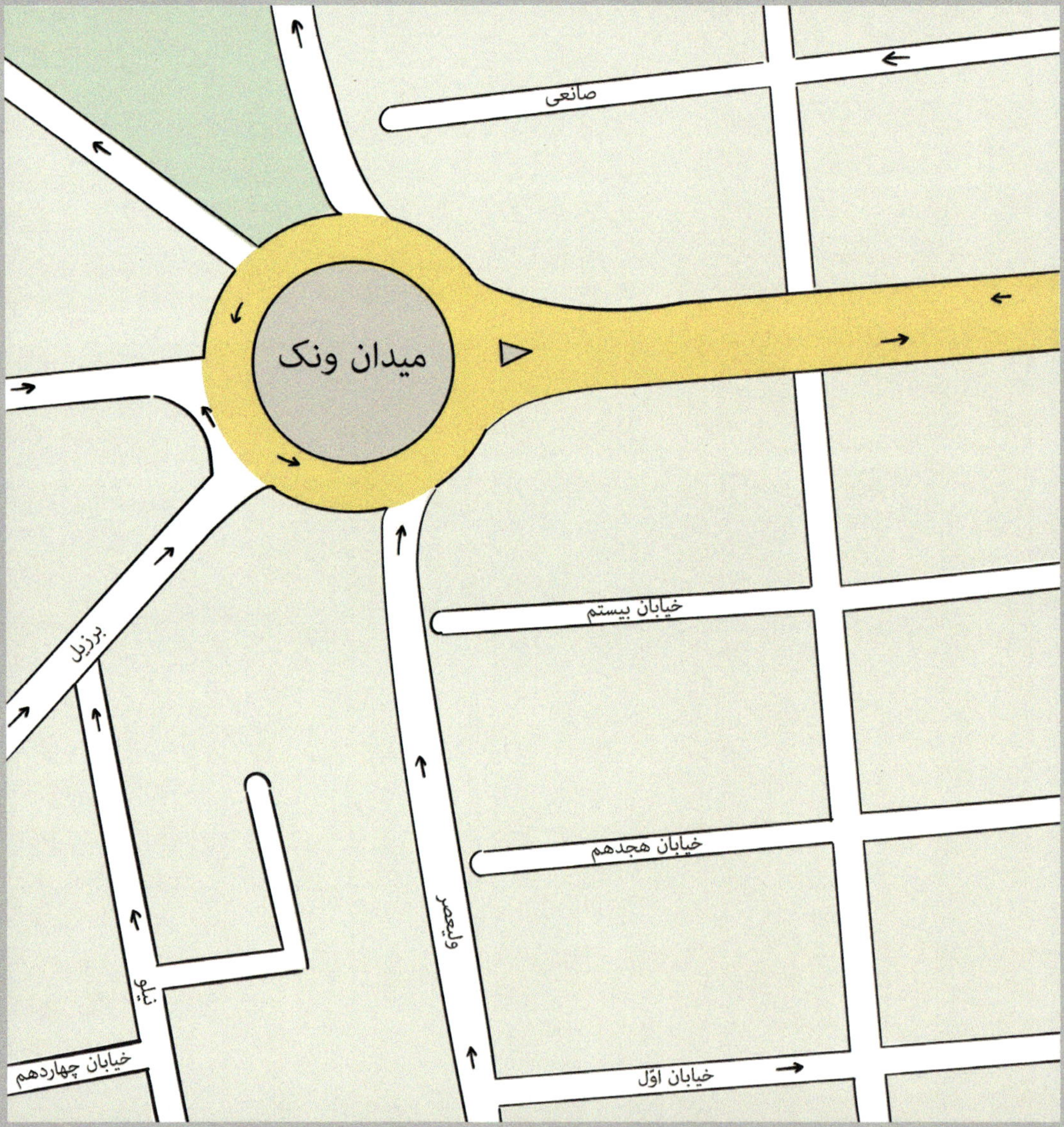

생각해봅시다

- 순서를 나타내는 방법을 생각해봅시다.
- 길을 모르는 사람에게 정확히 길을 설명해 줄 수 있는 방법을 생각해봅시다.

학습 내용

주요 표현 및 문법

서수를 활용한 표현

چهارراه دوّم، کوچه‌ی سوّم

ایستگاه هفتم پیاده شوید.

길을 묻고, 안내하는 표현

ایستگاه اتوبوس کجاست؟

این خیابان را مستقیم تا میدان اوّل بروید.

들어봅시다-1 گوش کنیم-۱

1. 민준과 한 여성의 대화를 들어봅시다.

2. 대화를 다시 듣고, 다음 질문에 답해봅시다.

۱) داروخانه در کدام کوچه است؟

۲) آیا داروخانه دور است؟

۳) مین‌جون چطور به داروخانه می‌رود؟

3. 같은 내용의 또 다른 대화를 듣고 차이점을 말해봅시다.

함께 말해봅시다-1 با هم صحبت کنیم-۱

> 다음 대화를 참고하여 길을 묻고 답하는 연습을 해봅시다.

구어체 발음 표기

مین‌جون ببخشین خانوم، داروخونه کجاس؟

خانم خیابون باهنر، چهارراه دوّم، دست راست، کوچه‌ی سوّم، ساختمون بهار، طبقه‌ی اوّل.

مین‌جون خیلی دوره؟

خانم بله، با ماشین برین.

مین‌جون ماشین ندارم.

خانم پس با اتوبوس برین. اتوبوس ۱۲۱ خوبه. ایستگاه هفتم پیاده شین.

مین‌جون ایستگاه اتوبوس کجاس؟

خانم اون طرف خیابون، روبروی پارک.

문어체 발음 표기

مین‌جون ببخشید خانم، داروخانه کجاست؟

خانم خیابان باهنر، چهارراه دوّم، دست راست، کوچه‌ی سوّم، ساختمان بهار، طبقه‌ی اوّل.

مین‌جون خیلی دور است؟

خانم بله، با ماشین بروید.

مین‌جون ماشین ندارم.

خانم پس با اتوبوس بروید. اتوبوس ۱۲۱ خوب است. ایستگاه هفتم پیاده شوید.

مین‌جون ایستگاه اتوبوس کجاست؟

خانم آن طرف خیابان، روبروی پارک.

들어봅시다-2 گوش کنیم-۲

1. **버런과 한 남성의 대화를 들어봅시다.**

2. **대화를 다시 듣고, 다음 질문에 답해봅시다.**

۱) پمپ بنزین نزدیک است؟

۲) پمپ بنزین نبش کدام خیابان است؟

۳) این پمپ بنزین معمولاً شلوغ است؟

3. **같은 내용의 또 다른 대화를 듣고 차이점을 말해봅시다.**

함께 말해봅시다-2 با هم صحبت کنیم-۲

> 다음 대화를 참고하여 길을 묻고 답하는 연습을 해봅시다.

구어체 발음 표기

باران	ببخشین آقا، نزدیک اینجا پمپ بنزین هس؟
آقا	بله، این خیابونو مستقیم برین تا میدون اوّل. بعد بپیچین سمت راست. نبش دوّمین خیابون یه پمپ بنزین هس.
باران	ببخشین، خیابون دوّم یا نهم؟
آقا	خیابون دوّم. پمپ بنزین نبش دوّمین خیابونه.
باران	من خیلی عجله دارم. این پمپ بنزین شلوغه؟
آقا	نه، معمولاً خلوته.
باران	ممنون، لطف کردین.
آقا	خواهش می‌کنم.

문어체 발음 표기

باران	ببخشید آقا، نزدیک اینجا پمپ بنزین هست؟
آقا	بله، این خیابان را مستقیم تا میدان اوّل بروید. بعد سمت راست بپیچید. نبش دوّمین خیابان یک پمپ بنزین است.
باران	ببخشید، خیابان دوّم یا نهم؟
آقا	خیابان دوّم. پمپ بنزین نبش دوّمین خیابان است.
باران	من خیلی عجله دارم. این پمپ بنزین شلوغ است؟
آقا	نه، معمولاً خلوت است.
باران	ممنون، لطف کردید.
آقا	خواهش می‌کنم.

읽어봅시다-1 بخوانیم-۱

1. 다음 지문을 읽고 물음에 답해봅시다.

‹ مهمانی برای بابک ›

اسم من بهنام است. خاله‌ام و خانواده‌اش در طبقه‌ی چهارم ساختمان ما زندگی می‌کنند. آنها سه بچّه دارند. آرش، فرزند اوّل آنها هم‌سنّ من است. دوّمین فرزند آنها آزاده، پنج سال قبل ازدواج کرد و با همسرش به هلند رفت. بابک آخرین فرزند خانواده و مهندس عمران است. هفته‌ی پیش، بالاخره بعد از سه سال، بابک در شرکت خصوصی کار پیدا کرد. همه خوشحال شدند. دیروز خاله تلفن کرد و این خبر خوب را به ما داد. مادر گفت: «خواهرجان، تبریک می‌گویم. حتماً جشن بگیرید و بابک را خوشحال کنید.» خاله قبول کرد و ما را دعوت کرد. فردا شب همه‌ی فامیل را در خانه‌ی خاله می‌بینم.

۱) خاله‌ی بهنام کجا زندگی می‌کند؟

۲) چه کسی هم‌سنّ بهنام است؟

۳) آزاده مجرّد است؟ او کجا زندگی می‌کند؟

٤) بابک چندمین فرزند خانواده است؟

٥) چرا خاله همه‌ی فامیل را دعوت کرد؟

2. 오디오 파일을 듣고 반복해서 따라 읽어봅시다.

읽어봅시다-2 بخوانیم-۲

1. 다음 지문을 읽고 물음에 답해봅시다.

‹ نمایشگاه بین‌المللی کتاب ›

نمایشگاه کتاب تهران، نمایشگاه بسیار بزرگی است. هر سال در دوّمین ماه بهار، مردم زیادی به این نمایشگاه می‌روند و کتاب می‌خرند. تعداد زیادی از نویسنده‌ها و ناشران ایرانی در این نمایشگاه شرکت می‌کنند و کتاب‌های جدید را می‌آورند. برخی از ناشران غیرایرانی هم در بخش خارجی نمایشگاه غرفه دارند. اوّلین نمایشگاه کتاب تهران در سال ۱۳۶۶ در بزرگراه چمران بود. بیست و یکمین نمایشگاه در «عبّاس‌آباد» بود. سال ۱۳۹۵، نمایشگاه را به «شهر آفتاب» بردند. شهر آفتاب در جنوب تهران قرار دارد و مردم با مترو یا ماشین به آنجا می‌روند.

۱) الان نمایشگاه کتاب تهران، کجا قرار دارد؟

۲) نمایشگاه کتاب تهران چه ماهی از سال باز است؟

۳) چندمین نمایشگاه کتاب تهران، در عبّاس‌آباد بود؟

2. 오디오 파일을 듣고 반복해서 따라 읽어봅시다.

문법 دستور

✓ 서수 – 순서 나타내기

1 사람과 사물 등의 수량은 기수로, 순서는 서수로 표현합니다.

2 서수는 보통 기수에 접미사 ـُم/-om/을 추가하여 만듭니다.

예 1
چهار → چهارم
شانزده → شانزدهم
صد و نود و پنج → صد و نود و پنجم

3 이 형태의 서수는 명사 뒤에서 명사를 수식합니다.

예 1 شهر هفتم

예 2 روز شانزدهم

4 위의 서수의 형태에 ـُمین -/ omin/을 추가하여 또 다른 형용사형을 만들 수 있는데, 이 형태의 서수는 반드시 명사 앞에 위치하여 명사를 수식합니다.

예 1 هفتمین شهر

예 2 شانزدهمین روز

5 첫 번째, 두 번째, 세 번째, 마지막을 나타내는 서수는 예외적인 형태로 활용됩니다.
(단, 아래 표 중에서, یکمین 은 거의 사용되지 않습니다.)

기수	의미	형태(문자)		발음
یک	첫 번째	اوّلین	اوّل	avval / avvalin
		نخستین	نخست	noxost / noxostin
		یکمین	یکم	yekom / yekomin
دو	두 번째	دوّمین	دوّم	dovvom / dovvomin

سه	세 번째	سوّم	سوّمین	sevvom / sevvomin
	마지막	آخر	آخرین	āxar / āxarin

6 수량의 의문사 چند 도 '몇 번째'와 같은 서수의 의미로 활용되기 위해 ـُم 또는 ـُمین 을 추가합니다.

예 1 در طبقه‌ی چندم زندگی می‌کنید؟

예 2 در چندمین طبقه زندگی می‌کنید؟

써봅시다 بنویسیم

1. 다음 지도를 보고 대학교에서 도서관까지 가는 방법을 써봅시다.

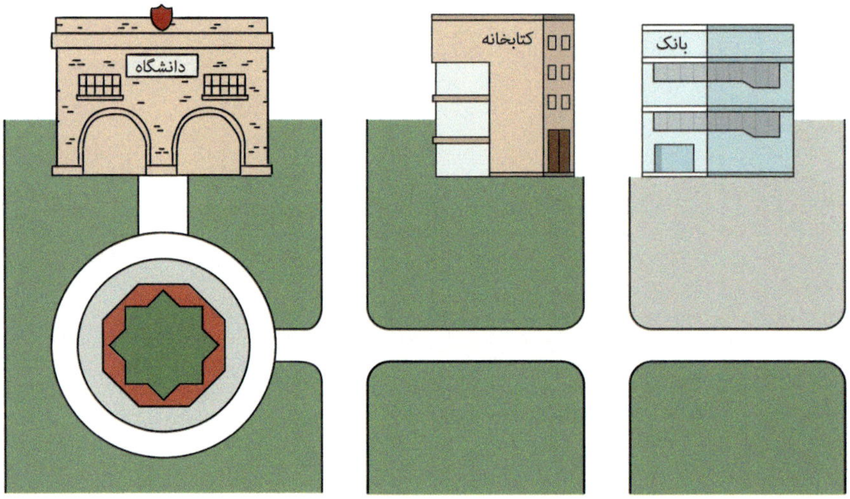

그룹 활동 فعّالیّت گروهی

> 다음 지도를 보고 가고 싶은 장소의 위치를 묻고 답하는 연습을 해봅시다.

연습문제 تمرین

الف. کامل کنید.

۱. خانه‌ی شما در طبقه‌ی ششم این برج است؟

بله، ما در ______ طبقه‌ی این برج زندگی می‌کنیم.

۲. کارواش داخل کوچه‌ی نهم است؟

نه، نبش ______ کوچه است.

۳. ایرج، اوّلین فرزند خانواده است؟

نه، یک برادر بزرگتر دارد. او ______ فرزند خانواده است.

٤. دیروز درس هفتم این کتاب را خواندید؟

نه، شش درس را تمام کردیم. امروز ______ درس را می‌خوانیم.

۵. امروز اوّلین بار است این فیلم را می‌بینی؟

نه، بار ______ نیست. دوّمین بار است.

ب. با توجّه به جدول، جمله‌های زیر را کامل کنید.

ماههای میلادی					
۱	ژانویه	٤	آوریل	۷	جولای/ ژوئیه	۱۰	اکتبر
۲	فوریه	٥	می	۸	آگوست / اوت	۱۱	نوامبر
۳	مارس/ مارچ	٦	ژوئن/ جون	۹	سپتامبر	۱۲	دسامبر

۱. سپتامبر، __________ ماه میلادی است.

۲. هشتمین ماه میلادی __________ است.

۳. نوامبر، ماه __________ میلادی است.

٤. __________ ماه میلادی، دسامبر است.

٥. شروع سال میلادی با ماه __________ است.

فرهنگ ایرانی
이란문화 알아보기

테헤란 도서 박람회(نمایشگاه کتاب تهران)

테헤란 도서 박람회는 매년 5월 중순에 열리는 도서 전시회로, 이 전시회는 이란에서 가장 큰 문화 행사 중 하나입니다. 테헤란 도서 박람회는 1987년에 참런 고속도로 주변에서 처음 열렸는데, 그 규모가 점점 커지면서 압바스 어버드에 있는 이맘 호메이니의 기도실로, 그 후 테레한-콤 고속도로 주변에 있는 어프텁 전시 단지로 장소가 변경되었습니다. 테헤란 도서 박람회는 그 규모가 매우 커서 30여 개가 넘는 건물에 수천 개의 부스가 존재하기 때문에 길을 잃지 않기 위해서 박람회 지도를 잘 챙겨야 합니다.

테헤란 도서 박람회는 매해 이란의 출판 동향을 가장 잘 파악할 수 있는 전시회로서 이란에 있는 거의 모든 출판사가 참여하여 각 출판사의 책을 소개하고 판매도 합니다. 아동 서적부터 학습지, 청소년 도서, 베스트셀러 등의 서적부터 전문 학술 서적, 희귀 서적, 외국 서적 등 평소에는 볼 수 없는 귀한 도서들이 모두 한자리에 모이는 자리라고 할 수 있습니다.

이란에서는 이 기간에 학생들과 학자들에게 도서를 구입하는 데 드는 비용의 일부분을 지원해주기도 합니다. 또한 출판사별로 도서 할인 행사도 진행하기 때문에 평소 구입하고 싶었던 책을 저렴한 가격에 구입할 수 있는 기회이기 때문에 많은 사람들로 북적입니다. 도서 구입 이외에도 각종 행사와 먹거리도 즐길 수 있어 가족 나들이 장소가 되기도 합니다. 테헤란 도서 박람회는 이란 사람들에게 즐거운 연례행사로 자리잡고 있습니다.

MEMO

درس نهم

09

این قرص را باید روزی سه بار بعد از غذا بخوری.

이 알약을 하루 세 번 식사 후에 먹어야 해.

학습목표 통증과 증상을 표현하는 방법과 함께 의무를 나타내는 표현을 익힙니다.

생각해봅시다

- 의무적인 동작을 나타내는 표현을 생각해봅시다.
- 신체 관련 어휘와 통증 및 증상을 표현하는 방법을 알아봅시다.

학습 내용

주요 표현 및 문법

의무 표현하기

باید استراحت کنم.
این قرص را باید روزی سه بار بعد از غذا بخوری.

증상을 나타내는 표현

سردرد دارم و عطسه می‌کنم.
آبریزش بینی دارم.
تب نداری؟

들어봅시다-1 گوش کنیم-۱

1. 베흐러드와 샤밈의 대화를 들어봅시다.

2. 대화를 다시 듣고, 다음 질문에 답해봅시다.

۱) بهراد بعد از کلاس کجا می‌رود؟

۲) چرا شمیم بعد از کلاس باید به دکتر برود؟

۳) شمیم قبل از دکتر، کجا می‌رود؟

٤) شمیم با چه کسی به دکتر می‌رود؟

3. 같은 내용의 또 다른 대화를 듣고 차이점을 말해봅시다.

함께 말해봅시다-1 با هم صحبت کنیم-۱

> 다음 대화를 참고하여 의무적으로 해야 할 일들에 대하여 이야기해봅시다.

구어체 발음 표기

بهراد	بعد از کلاس می‌رم سینما. تو هم می‌آی؟
شمیم	نه، من می‌رم خونه. باید استراحت کنم.
بهراد	چرا؟ خسته هستی؟
شمیم	نه، سردرد دارم.
بهراد	استراحت خوبه، امّا باید بری دکتر.
شمیم	اوّل می‌رم خونه. بعد، با مادرم می‌رم پیش دکتر.
بهراد	خوبه. مراقب خودت باش.
شمیم	ممنون.

문어체 발음 표기

بهراد	بعد از کلاس به سینما می‌روم. تو هم می‌آیی؟
شمیم	نه، من به خانه می‌روم. باید استراحت کنم.
بهراد	چرا؟ خسته هستی؟
شمیم	نه، سردرد دارم.
بهراد	استراحت خوب است، امّا باید به دکتر بروی.
شمیم	اوّل به خانه می‌روم. بعد، با مادرم پیش دکتر می‌روم.
بهراد	خوب است. مراقب خودت باش.
شمیم	ممنون.

들어봅시다-2 گوش کنیم-۲

1. 어리여와 의사선생님의 대화를 들어봅시다.

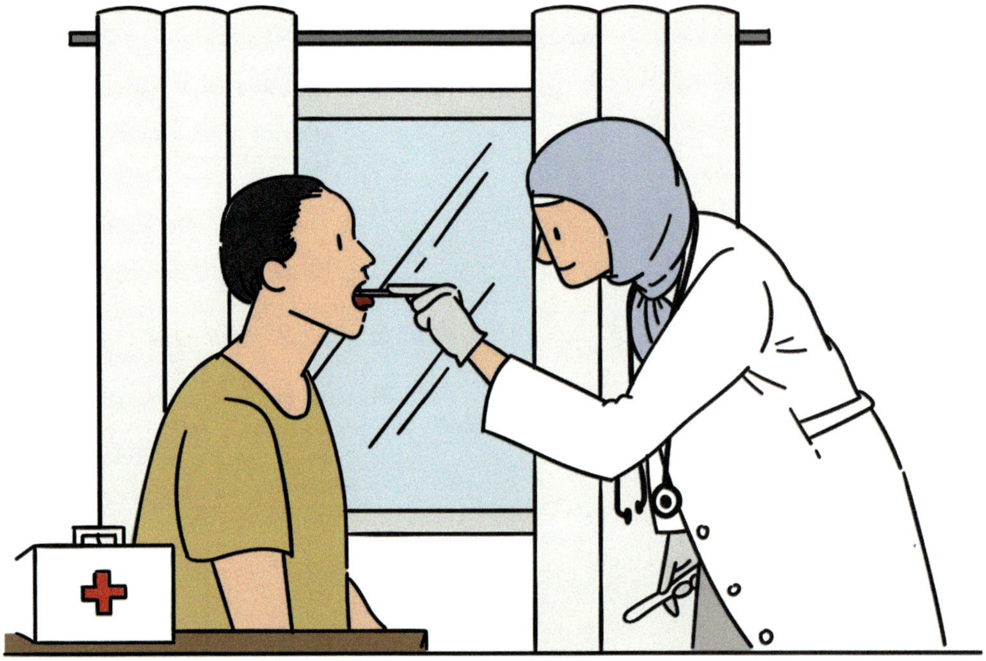

2. 대화를 다시 듣고, 다음 질문에 답해봅시다.

۱) بیماری آریا چیست؟

۲) آریا سرفه می‌کند؟

۳) چرا دکتر به آریا آمپول نداد؟

۴) آریا روزی چند قرص باید بخورد؟

3. 같은 내용의 또 다른 대화를 듣고 차이점을 말해봅시다.

함께 말해봅시다-2 با هم صحبت کنیم-۲

> 다음 대화를 참고하여 증상을 묻고 답하는 대화를 해봅시다.

구어체 발음 표기

آریا سلام خانم دکتر.

دکتر سلام، بفرمایین.

آریا سرم درد می‌کنه و آبریزش دارم.

دکتر سرفه هم می‌کنین؟

آریا نه. سرفه نمی‌کنم، امّا عطسه می‌کنم.

دکتر دهنت رو باز کن لطفاً. ... تب نداری. یه سرماخوردگی ساده‌اس.

آریا باید چی کار کنم؟

دکتر برات نسخه می‌نویسم.

آریا ببخشید، من از آمپول می‌ترسم. لطفاً، آمپول ندین.

دکتر بله، فقط قرص و شربت می‌نویسم. قرصو باید روزی سه بار بعد از غذا بخوری. شربتو هم باید شبا یه قاشق بخوری.

آریا چشم. ممنون.

دکتر باید نوشیدنیای گرمَم بخوری و خوب استراحت کنی.

함께 말해봅시다-2 با هم صحبت کنیم-۲

> 다음 대화를 참고하여 증상을 묻고 답하는 대화를 해봅시다.

문어체 발음 표기

آریا	سلام خانم دکتر.
دکتر	سلام، بفرمایید.
آریا	سرم درد می‌کند و آبریزش دارم.
دکتر	سرفه هم می‌کنید؟
آریا	نه. سرفه نمی‌کنم، امّا عطسه می کنم.
دکتر	دهانت را باز کن لطفاً. ... تب نداری. یک سرماخوردگی ساده است.
آریا	باید چه کار کنم؟
دکتر	برایت نسخه می‌نویسم.
آریا	ببخشید، من از آمپول می‌ترسم. لطفاً، آمپول ندهید.
دکتر	بله، فقط قرص و شربت می‌نویسم. قرص را باید روزی سه بار بعد از غذا بخوری. شربت را هم باید شب‌ها یک قاشق بخوری.
آریا	چشم. ممنون.
دکتر	باید نوشیدنی‌های گرم هم بخوری و خوب استراحت کنی.

참·고·하·세·요

● 증상 및 병명

증상 및 병명	표현
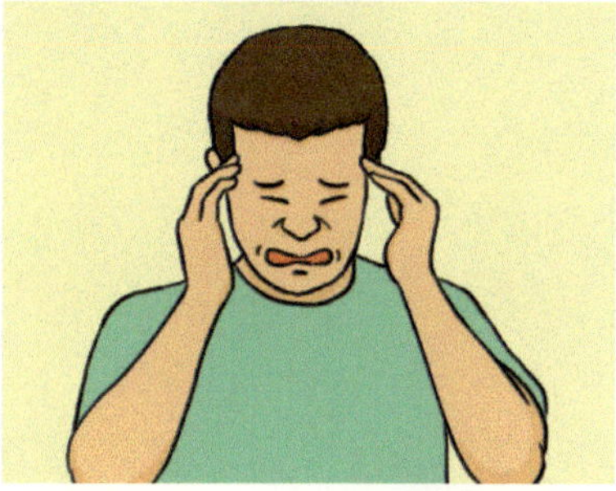	سردرد
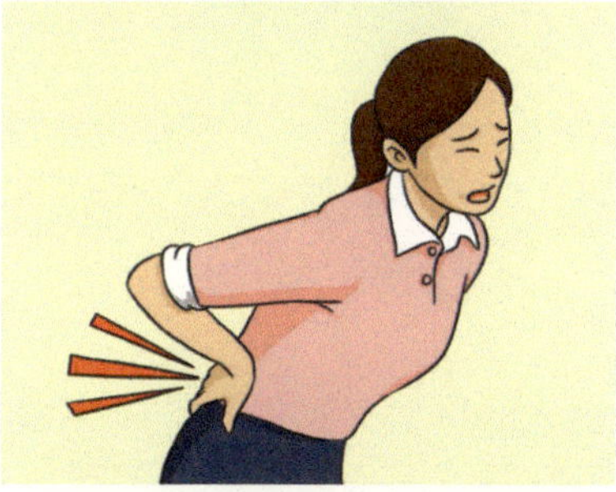	کمردرد
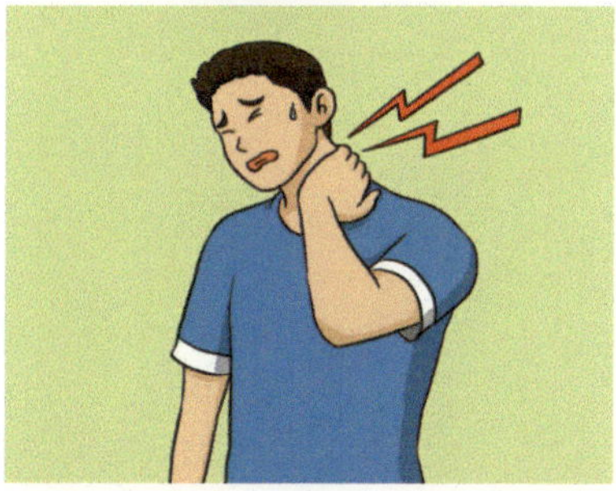	گردن‌درد
	سرفه

참·고·하·세·요

증상 및 병명	표현
	عطسه
	آبریزش بینی
	تب داشتن
	سرماخوردگی

읽어봅시다-1 　　　　بخوانیم-۱

1. 다음 지문을 읽고 물음에 답해봅시다.

‹ سلامتی ›

سلامتی خیلی مهم است. برای سلامتی، پنج روز در هفته باید ورزش کنید و غذاهای سالم، میوه و سبزی بخورید. نباید غذاهای چرب و سنگین بخورید. قبل از غذا باید دست‌های خود را بشویید و بعد از غذا باید مسواک بزنید. آب به سلامتی کمک می‌کند، پس باید آب زیاد بخورید. نباید نوشیدنی‌های الکلی زیاد بخورید. استرس و نگرانی برای سلامتی اصلاً خوب نیست. باید استرس را کم کنید، امّا نباید سیگار بکشید.

۱) چه غذایی برای سلامتی خوب است؟

۲) بعد از غذا باید چه کار کنیم؟

۳) برای سلامتی چه چیزی را باید زیاد بخوریم؟

۴) نوشیدنی‌های الکلی برای سلامتی مناسب هستند؟

۵) برای کم کردن استرس باید سیگار بکشیم؟

2. 오디오 파일을 듣고 반복해서 따라 읽어봅시다.

읽어봅시다-2 بخوانیم-۲

1. 다음 지문을 읽고 물음에 답해봅시다.

‹ طبیعت و درمان ›

در شهرهای مختلف ایران چشمه‌های طبیعی وجود دارد. آب این چشمه‌ها برای سلامتی مفید است. طبیعت اطراف چشمه‌ها هم بسیار جذّاب و دیدنی است. بنابراین، در طول سال مردم زیادی برای استراحت و تفریح به این شهرها سفر می‌کنند. بعضی از مردم هم برای درمان از آب این چشمه‌ها استفاده می‌کنند. خارجی‌ها هم از این شهرها دیدن می‌کنند و از طبیعت آنجا لذّت می‌برند.

ایران داروهای گیاهی بسیار خوبی هم دارد. در شهرهای مختلف، داروهای گیاهی متنوّعی وجود دارند. این داروها بعضی از بیماری‌ها را درمان می‌کنند. برای خرید این داروها باید به عطّاری‌ها بروید. عطّاری‌ها اغلب داخل بازارهای سنّتی قرار دارند.

۱) چرا مردم به چشمه‌های طبیعی می‌روند؟

۲) آیا فقط ایرانی‌ها از این چشمه‌ها استفاده می‌کنند؟

۳) داروهای گیاهی را از کجا باید خرید؟

2. 오디오 파일을 듣고 반복해서 따라 읽어봅시다.

문법 دستور

✓ 조동사 باید

1 조동사 باید는 본동사보다 앞에 위치하며, 주로 주어 바로 뒷자리에 위치합니다.

2 باید 는 화자의 심적 태도(mood)를 나타내는 법조동사 중 하나로, '의무'의 의미를 나타냅니다.

3 본래 동사 형태인 بایستن 에서 파생되었지만, 인칭과 수에 따라 활용시키지 않고 현재는 باید의 형태로만 주로 사용합니다.(می بایست, بایست와 بایستی의 형태가 사용되기도 하지만, باید와 기본적으로 의미 및 활용 방식이 다르지 않습니다.)

4 부정형은 باید앞에 부정접두사를 첨가하여 نباید와 같이 만듭니다.

✓ 동사의 가정형

1 가정형은 동사의 한 형태로, 현재사실의 반대 혹은 과거사실의 반대를 나타내는 가정법 구문과는 다릅니다.

2 동사의 가정형은 불확실성, 추측, 의무, 제안, 청유, 의향 등의 직설화법이 아닌 문맥에 사용됩니다.

3 단독으로 혹은 조동사와 함께 사용됩니다.

4 접두사 بـِ 에 현재어근 및 현재어미를 추가하여 만듭니다. 명령형 생성 방법과 동일하나, 가정형은 모든 인칭과 수에 따라 활용 가능하며, 2인칭 단수에도 인칭어미가 추가됩니다.(접두사 생략이 가능한 동사 및 접두사의 음가가 변경되는 경우, 부정형은 7과의 명령형 참고)

예 1 گرفتن (گیر)

	단수	복수
1인칭	بگیرم	بگیریم
2인칭	بگیری	بگیرید
3인칭	بگیرد	بگیرند

5 동사 بودن과 داشتن 은 명령형과 같이 불규칙한 형태의 가정형을 사용합니다.

	단수	복수
1인칭	باشم	باشیم
2인칭	باشی	باشید
3인칭	باشد	باشند

	단수	복수
1인칭	داشته باشم	داشته باشیم
2인칭	داشته باشی	داشته باشید
3인칭	داشته باشد	داشته باشند

써봅시다 بنویسیم

1. 자신이나 주변 사람들이 최근에 앓았던 병과 그 증상에 대해 써봅시다.

그룹 활동 فعّالیّت گروهی

> 다음을 주제로 친구들과 대화해봅시다.

۱. وقتی مریض هستی، چه کار می‌کنی؟

۲. نشانه‌های سرماخوردگی چه هستند؟

연습문제 تمرین

الف. کامل کنید.

۱. فردا امتحان دارم. امشب من باید زود ______(خوابیدن).

۲. پدرم سردرد دارد. او باید پیش دکتر ______(رفتن).

۳. تابستان هوا خیلی گرم است. ما باید زیاد آب ______(خوردن).

٤. برای سلامتی‌ات، باید هفته‌ای سه روز ______(ورزش کردن).

٥. شما نباید در کتابخانه با صدای بلند ______(صحبت کردن).

ب. جواب درست را انتخاب کنید.

۱. پسرم، هفته‌ی بعد امتحان داری. باید خوب (درس بخوانی / درس می‌خوانی).

۲. دخترم، هوا خیلی سرد است. باید لباس گرم (بپوشد / بپوشی).

۳. فردا به کوه می‌روید. باید امشب زود (بخوابد / بخوابید).

٤. آذر مریض است. ما باید او را به بیمارستان (می‌بریم / ببریم).

٥. کارهای خانه خیلی زیاد است. باید به مادرشان(کمک کنند / کمک کردند).

فرهنگ ایرانی

이란문화 알아보기

이란의 전통 의학

이란의 전통 의학은 페르시아 전통 의학이라고도 불리며, 가장 오래된 전통 의학 중의 하나입니다. 이란의 전통 의학자들은 사람의 몸을 이루는 요소들 간의 조화를 중요하게 여기며, 이 조화가 깨질 때 병을 얻게 된다고 보고, 이 조화를 유지하는 다양한 치료법을 연구하였습니다.

이란의 전통 의학을 집대성한 사람은 이븐 시너(Ibn Sina: 980~1037)입니다. 페르시아의 유명한 의사이자, 천문학자, 철학자였던 그는 기억력이 남달랐으며, 어린 시절부터 의술을 행하게 됩니다. 이븐 시너의 훌륭한 업적 중 하나는 동서양 의학사에서 가장 큰 영향력을 끼친 책이라 평가되는 꺼눈(قانون در طب)이라고 불리는 의학서적의 집필입니다. 이 책은 생리학, 병리학, 위생학, 치료학 등을 다룬 의학 백과사전으로, 12세기부터 17세기 무렵까지 유럽에서 의학 연구의 기본서로 사용되었으며, 19세기 초까지 프랑스 몽펠리에 의과대학에서 강의 교재로 사용되었다고 합니다.

현재에도 현대적인 의학과 더불어 이와 같은 전통 의학이 지속적으로 연구되고 있고, 이러한 연구들이 이란을 중동 최대의 의학 선진국 중 하나로 만들어주고 있습니다.

درس دهم

10

بهترین فصل برای سفر به جنوب زمستان است.

남부 쪽 여행에 가장 좋은 계절은 겨울입니다.

학습목표 계절별로 즐길 수 있는 활동 표현을 활용하여 가장 좋아하는 활동을 표현하는 방법을 익힙니다.

생각해봅시다

- 가장 좋아하는 것, 가장 큰 것 등을 표현하는 방법에 대하여 생각해봅시다.
- 각 계절에 적합한 여행지, 활동 등에 대하여 생각해봅시다.

학습 내용

주요 표현 및 문법

좋아하는 대상에 대해 묻고 답하기	فصل مورد علاقه‌ی تو چیست؟ فصل مورد علاقه‌ی من تابستان است. تابستان را دوست دارم.
최상급 표현	بهترین فصل برای من تابستان است. مناسب‌ترین فصل برای سفر، بهار و پاییز است.

들어봅시다-1 گوش کنیم-۱

1. 루즈베와 파르빈의 대화를 들어봅시다.

2. 대화를 다시 듣고, 다음 질문에 답해봅시다.

۱) پروین کدام فصل را دوست دارد؟ چرا؟

۲) چرا روزبه فصل زمستان را دوست دارد؟

۳) در کدام فصل سفر در ایران بهتر است؟

3. 같은 내용의 또 다른 대화를 듣고 차이점을 말해봅시다.

함께 말해봅시다-1 با هم صحبت کنیم-۱

다음 대화를 참고하여 좋아하는 계절과 그 계절을 좋아하는 이유를 말해봅시다.

구어체 발음 표기

روزبه: فصل مورد علاقه‌ی تو چیه؟

پروین: من تابستونو دوست دارم.

روزبه: امّا من زمستونو بیشتر از تابستون دوست دارم.

پروین: چون من به شنا و دریا علاقه دارم، بهترین فصل برا من تابستونه.

روزبه: امّا من اسکی و برفو دوست دارم. پس، قشنگ‌ترین فصل برا من زمستونه.

پروین: تو ایران کدوم فصل برا سفر مناسبه؟

روزبه: مناسب‌ترین فصل برا سفر، پاییز و بهاره. امّا مردم همه‌ی فصلا می‌رن سفر.

پروین: آخه، ایران چار فصله.

روزبه: آره، درسته.

문어체 발음 표기

روزبه: فصل مورد علاقه‌ی تو چیست؟

پروین: من تابستان را دوست دارم.

روزبه: امّا من زمستان را بیشتر از تابستان دوست دارم.

پروین: چون من به شنا و دریا علاقه دارم، بهترین فصل برای من تابستان است.

روزبه: امّا من اسکی و برف را دوست دارم. پس، قشنگ‌ترین فصل برای من زمستان است.

پروین: در ایران کدام فصل برای سفر مناسب است؟

روزبه: مناسب‌ترین فصل برای سفر، پاییز و بهار است. امّا مردم همه‌ی فصل‌ها به سفر می‌روند.

پروین: آخر، ایران چهارفصل است.

روزبه: بله، درست است.

들어봅시다-2 گوش کنیم-۲

1. 셔흐록과 아프써네의 대화를 들어봅시다.

2. 대화를 다시 듣고, 다음 질문에 답해봅시다.

۱) چرا افسانه برای تعطیلات زمستان به جنوب ایران می‌رود؟

۲) بزرگ‌ترین جزیره‌ی ایران کدام است؟

۳) در این سفر افسانه چه شهرهایی را می‌بینند؟

3. 같은 내용의 또 다른 대화를 듣고 차이점을 말해봅시다.

함께 말해봅시다-2 با هم صحبت کنیم-۲

> 다음 대화를 참고하여 여름 혹은 겨울방학에 떠나는 여행지에 대해 이야기해봅시다.

구어체 발음 표기

شاهرخ	تعطیلات زمستون کجا می‌ری؟
افسانه	می‌ریم جنوب ایران.
شاهرخ	با کی؟
افسانه	با خانواده.
شاهرخ	چرا جنوب؟
افسانه	بهترین فصل برا سفر به جنوب زمستونه، چون تابستون خیلی گرم و شرجیه.
شاهرخ	اِ...جالبه، مثه سئول. کدوم شهر می‌رین؟
افسانه	اوّل، می‌ریم بندرعبّاس. بندرعبّاس بزرگ‌ترین شهر جنوبه. بعد هم می‌ریم جزیره‌ی کیش.
شاهرخ	جزیره‌ی کیش هم بزرگ‌ترین جزیره‌ی ایرانه؟
افسانه	نه، جزیره‌ی قشم از همه‌ی جزیره‌های ایران بزرگ‌تره.
شاهرخ	کیش جاهای دیدنی زیاد داره؟
افسانه	بله، مثلاً کشتی یونانی، شهر زیرزمینی و پاساژهای بزرگ.

함께 말해봅시다-2 با هم صحبت کنیم-۲

> 다음 대화를 참고하여 여름 혹은 겨울방학에 떠나는 여행지에 대해 이야기해봅시다.

문어체 발음 표기

شاهرخ	تعطیلات زمستان به کجا می‌روی؟
افسانه	به جنوب ایران می‌رویم.
شاهرخ	با کی؟
افسانه	با خانواده.
شاهرخ	چرا جنوب؟
افسانه	بهترین فصل برای سفر به جنوب زمستان است، چون تابستان خیلی گرم و شرجی است.
شاهرخ	اِ ... جالب است، مثل سئول. به کدام شهر می‌روید؟
افسانه	اوّل، به بندرعبّاس می‌رویم. بندرعبّاس بزرگ‌ترین شهر جنوب است. بعد هم به جزیره‌ی کیش می‌رویم.
شاهرخ	جزیره‌ی کیش هم بزرگ‌ترین جزیره‌ی ایران است؟
افسانه	نه، جزیره‌ی قشم از همه‌ی جزیره‌های ایران بزرگ‌تر است.
شاهرخ	کیش جاهای دیدنی زیاد دارد؟
افسانه	بله، مثلاً کشتی یونانی، شهر زیرزمینی و پاساژهای بزرگ.

참·고·하·세·요

● **4계절**

계절	표현
	بهار
	تابستان
	پاییز
	زمستان

읽어봅시다-1 بخوانیم-۱

1. 다음 지문을 읽고 물음에 답해봅시다.

‹ سفر در ایران ›

من و خانواده‌ام، هر سال در تعطیلات تابستان، به سفر می‌رویم. دو سال پیش، به کردستان رفتیم. معروف‌ترین دریاچه‌ی کردستان را دیدیم. در آنجا قایق‌سواری کردیم و خوشمزّه‌ترین ماهی‌کباب را خوردیم. پارسال به شمال غرب ایران رفتیم. بهترین عسل را از اردبیل خریدیم. در تبریز، بزرگ‌ترین و مهم‌ترین بازار سنّتی و سرپوشیده‌ی جهان را دیدیم. بعد، به قدیمی‌ترین کلیسای ایران، نزدیک ارومیه رفتیم. هموطنان ارمنی در روزهای آخر تیر و اوّلین روزهای مرداد در آنجا مراسم خاصّی برگزار می‌کنند. سال ۱۳۷۸، دولت این کلیسا را در سازمان جهانی یونسکو ثبت کرد. امسال هم به شمال ایران و دریای خزر می‌رویم. دریای خزر بزرگ‌ترین دریاچه‌ی جهان است. هر سال در فصل تابستان گردشگران داخلی و خارجی به سواحل آن مسافرت می‌کنند. بزرگ‌ترین مزرعه‌های چای ایران در گیلان قرار دارند. خوشبوترین برنج ایران را در شهرهای شمالی پیدا می‌کنند.

۱) کجا خوشمزّه‌ترین ماهی‌کباب را دارد؟

۲) مهم‌ترین بازار سرپوشیده جهان کجاست؟

۳) بزرگ‌ترین دریاچه‌ی جهان در کجا قرار دارد؟

۴) دولت در سال ۱۳۷۸ کدام بنا را در یونسکو ثبت کرد؟

2. 오디오 파일을 듣고 반복해서 따라 읽어봅시다.

읽어봅시다-2 بخوانیم-۲

1. 다음 지문을 읽고 물음에 답해봅시다.

‹ ایران، کشور چهار فصل ›

ایران چهار فصل دارد. اوّلین فصل آن، بهار است. ایرانی‌ها روز اوّل این فصل را جشن می‌گیرند. اسم این روز، عید نوروز است و مهم‌ترین عید ایرانی‌هاست. دوّمین و گرم‌ترین فصل سال تابستان است. در این فصل مدرسه‌ها تعطیل هستند و مردم زیاد سفر می‌کنند. پاییز، سوّمین فصل سال است، هوا خنک است و گاهی باران می‌آید. برگ درخت‌ها هم زرد، قرمز و نارنجی می‌شود. در این فصل، مدرسه‌ها باز می‌شوند. آخرین شب پاییز، «شب یلدا» است. شب یلدا بلندترین شب سال است و مردم ایران آن را جشن می‌گیرند. بعد از آن، زمستان شروع می‌شود. زمستان چهارمین و سردترین فصل سال است. در آخرین ماه زمستان، جشن چهارشنبه‌سوری را داریم و مردم شهر را برای نوروز آماده می‌کنند.

۱) مهم‌ترین جشن ایرانی‌ها در چه فصلی است؟

۲) چرا مردم در تابستان زیاد سفر می‌کنند؟

۳) دانش‌آموزان در کدام فصل به مدرسه می‌روند؟

۴) اسم بلندترین شب سال چیست؟

۵) چه ماهی مردم شهر را برای نوروز آماده می‌کنند؟

2. 오디오 파일을 듣고 반복해서 따라 읽어봅시다.

문법 دستور

✓ 최상급

1 형용사 또는 부사에 접미사 ترین을 부가합니다. 접미사는 형용사나 부사에 바로 연결하여 쓰기도 하고, 분리해서 쓰기도 합니다.(접미사를 반드시 분리해서 표기하는 경우는 비교급과 동일)

예 1
بزرگ → بزرگترین
گران → گرانترین

2 일부 형용사나 부사는 불규칙한 형태의 최상급을 사용합니다.

예 1
خوب → بهترین
زیاد → بیشترین

3 최상급 형용사는 비교급과 달리 명사 앞에서 명사를 수식합니다. 이때, 에자페는 사용하지 않습니다.

예 1 مهم‌ترین شهر

예 2 سنگین‌ترین چمدان من

4 비교급으로 최상급의 의미를 나타낼 수도 있습니다. 이때에는 비교 대상에 از همه (모두 보다)를 활용합니다.

예 1
این باغ زیباتر از همه است.
این باغ از همه زیباتر است.
= این زیباترین باغ است.

써봅시다 بنویسیم

1. 한국에서 여행하기 좋은 계절에 대한 글을 써봅시다.

2. 다음 질문에 대하여 자신의 생각을 써봅시다. 가족과 함께 하는 여행이 좋습니까? 아니면 친구들과 함께 하는 여행이 좋습니까?

그룹 활동 فعّالیّت گروهی

다음을 주제로 친구들과 대화해봅시다.

۱. بهترین فصل برای شنا کدام است؟

۲. سردترین فصل سال کدام است؟

۳. در کدام فصل برگ درختان زرد می‌شود؟

٤. زیباترین فصل سال، کدام فصل است؟

연습문제 تمرین

الف. کامل کنید.

اوّلین	بلندتر	شلوغ‌ترین	سردتر	گرم‌ترین

۱. تابستان ________ فصل سال در ایران است.

۲. فصل زمستان ________ از فصل پاییز است.

۳. شهر تهران ________ شهر ایران است.

٤. در ایران ________ فصل سال، بهار است.

۵. روزهای تابستان ________ از روزهای زمستان است.

ب. واژه‌ی درست را انتخاب کنید.

۱. اصفهان یکی از (آلوده / آلوده‌ترین) شهرهای مرکز ایران است.

۲. دریای خزر (بزرگ‌تر / بزرگ‌ترین) دریاچه‌ی ایران است.

۳. (پرجمعیت / پرجمعیت‌ترین) شهر در استان خراسان، مشهد است.

٤. فرش دستباف یکی از سوغاتی‌های (گران / گران‌تر) ایران است.

۵. کوه‌های البرز در شمال ایران قرار دارند و دماوند، (بلندتر / بلندترین) قلّه‌ی آن است.

فرهنگ ایرانی
이란문화 알아보기

이란의 달력

이란에서는 통상 이란력, 이슬람력, 서기력(그레고리력)의 세 가지 달력을 사용하고 있습니다. 전 세계적으로 통용되는 서기력은 이란에서 공식적인 지위를 가지고 있지는 않으며, 한때 이 달력의 사용이 금지된 적도 있었습니다. 이란에서 서기력은 단순 참고용으로만 사용됩니다.

이슬람력(هجری قمری)은 이란에서 사용되는 공식적인 달력 중 하나로서 예언자 무함마드가 박해를 피해 메카에서 메디나로 이주한 헤지라, 622년을 원년으로 삼고 있습니다. 태음력인 이 달력은 이란의 이슬람 관련 종교 행사 및 휴일을 표시할 때 유일하게 사용되고 있는 시스템입니다.

현재 이란의 공식 달력인 이란력(هجری شمسی)은 이슬람력과 원년은 동일하지만, 태양력 체계를 사용합니다. 가장 진보적이고 정확하다고 알려져 있는 1979년 고안된 잘럴력(گاه‌شماری جلالی)을 바탕으로 한 이란력은 현재 이란 및 아프가니스탄에서 사용되고 있으며, 이란의 모든 일상생활에서 사용됩니다(곽새라, 사진으로 보는 이란의 대중문화, 123).

부록

정답

《1과》 화요일에 페르시아어 수업이 있었습니다.

들어봅시다-1

2.

۱) امروز چهارشنبه است.
۲) نه، او پنج‌شنبه‌ها تعطیل است.
۳) او پریروز در دانشگاه بود.

1) 오늘은 무슨 요일입니까? – 오늘은 수요일입니다.
2) 민준은 목요일에 수업이 있습니까? – 아니오, 목요일은 휴일입니다.
3) 민준은 그제 어디에 있었습니까? – 그는 그제 대학교에 있었습니다.

3. 문어체와 구어체 발음의 차이

들어봅시다-2

2.

۱) در ایران جمعه‌ها تعطیل است.
۲) چون روز پدر بود و روز پدر در ایران تعطیل است.
۳) او دیروز به بازار رفت و برای پدرش هدیه خرید.

1) 이란에서는 무슨 요일이 휴일입니까? – 이란은 금요일이 휴일입니다.
2) 세터레는 왜 지난 수요일에 대학교에 가지 않았습니까? – 왜냐하면 아버지의 날이었고, 이란에서 아버지의 날은 휴일입니다.
3) 세터레는 어제 어디에 갔고, 무엇을 샀습니까? – 어제 시장에 갔고, 자신의 아버지를 위해 선물을 샀습니다.

3. 문어체와 구어체 발음의 차이

읽어봅시다-1

1.

۱) چون دوشنبه‌ی پیش تعطیل بود.
۲) آنها یک فیلم کمدی دیدند.
۳) او پاستا خورد.

1) 왜 서러는 지난 월요일에 대학교에 가지 않았습니까? – 왜냐하면 지난 월요일은 휴일이었기 때문입니다.

2) 서러와 서러의 가족들은 오후에 어떤 영화를 보았습니까? – 그들은 코미디 영화를 보았습니다.

3) 서러의 여자형제는 식당에서 무엇을 먹었습니까? – 파스타를 먹었습니다.

읽어봅시다-2

1.

۱) هوا خیلی سرد بود.

۲) بهار کتاب خرید، امّا مینا کتاب نخرید.

۳) او برای خواهرش یک دفتر خرید.

٤) نه، پریروز او کتاب جدید را خواند.

1) 2주 전에 날씨가 어땠습니까? – 날씨가 매우 추웠습니다.

2) 바허르와 미너는 책을 샀습니까? – 바허르는 책을 샀지만 미너는 책을 사지 않았습니다.

3) 미너는 자신의 여자형제를 위해 무엇을 샀습니까? – 그는 자신의 여자형제를 위해 공책 한 권을 샀습니다.

4) 어제 밤에 바허르는 새 책을 읽었습니까? – 아니오, 그는 그저께 새 책을 읽었습니다.

연습문제

الف.

۱. دیروز من به دانشگاه رفتم.

۲. هفته‌ی پیش پدرش در اداره بود.

۳. پریروز مادرم ناهار، سوپ خورد.

٤. سه‌شنبه‌ی قبل مریم لباس خرید.

Alef. 답하세요.

1. 어제 너 어디 갔었니? – 어제 나는 대학교에 갔습니다.

2. 지난 주에 그의 아버지는 어디에 계셨습니까? – 지난 주에 그의 아버지는 사무실에 계셨습니다.

3. 그저께 너의 어머니는 점심을 무엇을 드셨니? – 그저께 나의 어머니는 점심에 스프를 드셨습니다.

4. 지난 화요일에 마리얌은 무엇을 샀습니까? – 지난 화요일에 마리얌은 옷을 샀습니다.

ب.

۱. تختم

۲. اتاقت

۳. همکلاسی‌شان / همکلاسیشان

٤. موبایل‌مان / موبایلمان

٥. شلوارکش

Be. 문장을 보기와 같이 채우세요.

(보기) 그의 책은 책꽂이에 없었습니다. 그는 어제 자신의 책을 세피데에게 주었습니다.

1. 내 침대는 편하지 않습니다. 어제 밤에는 내 침대에서 자지 않았습니다.
2. 어제 밤에 네 방은 정말 더웠어. 네 방은 에어컨 없니?
3. 그들의 같은 반 친구는 이집트인입니다. 그저께 그들은 자신들의 반 친구를 공원에서 보았습니다.
4. 우리 핸드폰은 예쁩니다. 우리는 우리 핸드폰을 어제 샀습니다.
5. 그의 반바지는 멋집니다. 토요일 파티 때, 그는 자신의 반바지를 입었습니다.

پ.

۱. نرفتم

۲. دیدیم

۳. شستند

٤. گرفتید

٥. نوشت

Pe. 선택하세요.

1. 나는 주말에 집에 머물렀고, 공항에 가지 않았습니다.
2. 우리는 3일 전에 우리 교수님을 커피숍에서 보았습니다.
3. 어제 밤, 그와 그의 여자형제는 함께 설거지를 했습니다.
4. 당신은 아랍어 책을 대학 도서관에서 빌렸습니다까(얻었습니까)?
5. 싸머네는 과제가 많았습니다. 그는 아침에 그의 과제를 했습니다.

《2과》 넌 휴일에 무엇을 했니?

들어봅시다-1

2.

۱) او آخر هفته به کوه رفت.

۲) او به کافی‌شاپ رفت. / او در کافی‌شاپ بود.

۳) او با خواهرش بازی کرد.

1) 샤흐럼은 주말에 어디에 갔습니까? – 그는 주말에 산에 갔습니다.

2) 나스린은 토요일에 어디에 있었습니까? – 그는 커피숍에 갔습니다. / 그는 커피숍에 있었습니다.

3) 일요일에 나스린은 무엇을 했습니까? – 자신의 여자형제와 놀았습니다.

3. 문어체와 구어체 발음의 차이

들어봅시다-2

2.

۱) او با دوستانش به بوسان رفت.

۲) نه، او در هتل نبود. در خانه‌ی دوستش ماند.

۳) او با قطار به بوسان رفت.

1) 어르먼은 지난 주에 무엇을 했습니까? – 그는 자신의 친구들과 부산에 갔습니다.

2) 어르먼은 호텔에 있었습니까? – 아니오, 그는 호텔에 있지 않았습니다. 자신의 친구의 집에서 머물렀습니다.

3) 어르먼은 어떻게 부산에 갔습니까? – 그는 기차로 부산에 갔습니다.

3. 문어체와 구어체 발음의 차이

읽어봅시다-1

1.

۱) او در دانشگاه بود.

۲) او به کافی‌شاپ رفت، تکلیف‌هایش را نوشت و درس‌هایش را خواند.

۳) او دوستش را در رستوران دانشگاه دید.

٤) او بعد از شام به خانه رفت، مطالعه کرد، فیلم دید و خوابید.

1) 럼보드는 수요일에 어디에 있었습니까? - 그는 대학교에 있었습니다.
2) 럼보드는 수업 후에 무엇을 했습니까? - 그는 커피숍에 가서 자신의 과제를 하고, 공부를 했습니다.
3) 럼보드는 자신의 친구를 어디에서 보았습니까? - 그는 자신의 친구를 식당에서 보았습니다.
4) 럼보드는 저녁식사 후 어디에 갔고, 무엇을 했습니까? - 그는 저녁식사 후, 집에 가서 공부를 하고, 영화를 보고 잤습니다.

읽어봅시다-2

1.

۱) آنها به شیراز رفتند.
۲) آنها در خانه‌ی خاله ماندند.
۳) آنها با قطار به شیراز رفتند.
٤) آنها جاهای دیدنی را دیدند و سوغاتی خریدند.
٥) آرامگاه کوروش در پاسارگاد و نزدیک شیراز است.

1) 아흐마디 가족은 노루즈 휴일에 어디에 갔습니까? - 그들은 쉬러즈에 갔습니다.
2) 그들은 휴일 동안 어디에 머물렀습니까? - 그들은 이모 집에 머물렀습니다.
3) 그들은 어떻게 쉬러즈에 갔습니까? - 그들은 기차로 쉬러즈에 갔습니다.
4) 그들은 쉬러즈에서 무엇을 했습니까? - 그들은 관광명소를 보았고, 기념품을 샀습니다.
5) 쿠로쉬 대왕의 무덤은 어디입니까? - 쿠로쉬 대왕의 무덤은 쉬러즈 근처 퍼서르거드(파사르가드)에 있습니다.

연습문제

الف.

۱. صبحانه
۲. کار کرد
۳. خریدی؟
٤. کمک کردیم
٥. کتابخانه

Alef. 적절한 단어를 선택하세요.

1. 나와 나의 남자형제는 아침식사로 빵과 치즈를 먹었습니다.
2. 내 여자형제는 오후에 호텔에서 일했습니다.
3. 너는 서울 여행을 위해 티켓을 샀니?
4. 우리는 어제 우리 친구를 도왔습니다.
5. 대학생들은 도서관에서 책을 읽었습니다.

ب.

۱. رفتیم

۲. نیامد

۳. خالی

Be. 대화를 완성하세요.

써먼 너 지난 월요일에 어디 갔니?

미너 나랑 내 가족들은 테헤란에 갔어.

써먼 네 남자형제도 같이 갔어?

미너 아니, 남자형제는 우리랑 안갔어.

써먼 여행 즐겁게 보냈니?

미너 고마워. 좋았어. 너도 있었으면 좋았을텐데.

پ.

برگشت - به - آورد - درست کرد - خوردند

Pe. 선택하세요.

오늘은 목요일이고, 목요일마다 샤흐루즈는 체육 수업이 있습니다. 그는 두 시간 전에 체육관에서 집으로 돌아왔습니다. 매우 힘들었고, 배가 고팠습니다. 그는 그의 남자형제에게 전화했습니다. 그의 남자형제는 빵집에서 상각 빵을 사서 가져왔습니다. 샤흐루즈도 부엌에 갔습니다. 집에 토마토가 없었습니다. 그는 오믈렛을 요리하지 않고, 오믈렛 대신에 달걀 프라이를 만들었습니다. 그들은 함께 음식을 먹고, 설거지를 했습니다.

《3과》 제 누나는 25세입니다.

들어봅시다-1

2.

۱) او بیست سال دارد.

۲) نه، او کارمند نیست. دانشجو است.

۳) او بیست و پنج سال دارد و کارمند است.

1) 서선은 몇 살입니까? – 그는 20세입니다.

2) 서선은 회사원입니까? – 아니오, 그는 회사원이 아닙니다. 대학생입니다.

3) 서선의 여자형제는 몇 살입니까? 그리고 그의 직업은 무엇입니까? - 25살이고 회사원입니다.

3. 문어체와 구어체 발음의 차이

들어봅시다-2

2.

۱) آنها به تولّد پگاه می‌روند./آنها به خانه‌ی پگاه می‌روند.

۲) خانه‌ی پگاه نزدیک خانه‌ی شیرین است.

۳) خانه‌ی او در طبقه‌ی بیست و دو است.

1) 쉬린과 아민은 내일 어디에 갑니까? – 그들은 페가의 생일에 갑니다. / 그들은 페가의 집에 갑니다.

2) 페가의 집은 어디입니까? – 페가의 집은 쉬린의 집 근처입니다.

3) 쉬린의 집은 몇 층에 있습니까? – 그의 집은 22층입니다.

3. 문어체와 구어체 발음의 차이

읽어봅시다-1

1.

۱) او دندانپزشک است.

۲) او پنجاه و نه سال دارد و پرستار است.

۳) آنها دو پسر دارند. پسر کوچک آنها شانزده سال دارد و پسر بزرگ آنها سی و چهار سال دارد.

٤) نه، او دانشجو است.

1) 김 선생님(Mr. Kim)의 직업은 무엇입니까? – 그는 치과의사입니다.

2) 김 선생님의 배우자는 몇 살이며, 직업은 무엇입니까? – 그는 59세이며, 간호사입니다.

3) 김 선생님 부부는 몇 명의 아들이 있습니까? 그들은 몇 살입니까? – 그들은 2명의 아들이 있습니다. 작은 아들은 16세이고, 큰 아들은 34세입니다.

4) 민지는 학생입니까? – 아니오, 대학생입니다.

읽어봅시다-2

1.

١) کاخ گلستان در تهران است.

٢) نه، میدان پانزده خرداد در مرکز شهر است.

٣) کاخ گلستان سیزده ساختمان دارد.

٤) کاخ گلستان فقط پنج روز در سال بسته است.

1) 골레스턴 궁전은 어디에 있습니까? – 골레스턴 궁전은 테헤란에 있습니다.

2) 코르더드 15 광장은 테헤란 북쪽에 있습니까? – 아니오, 코르더드 15 광장은 도시 중심에 있습니다.

3) 골레스턴 궁전에는 몇 개의 건물이 있습니까? – 골레스턴 궁전에는 13개의 건물이 있습니다.

4) 골레스턴 궁전은 일년에 며칠 문을 닫습니까? – 골레스턴 궁전은 1년에 단 5일만 문을 닫습니다.

연습문제

الف.

١. می‌روم

٢. می‌مانم

٣. می‌نویسم

٤. می‌خوانم

٥. می‌آید

٦. می‌خوریم

٧. می‌بینم

٨. می‌خوابم

Alef. 빈 칸을 채워보세요.

나는 대학생이고, 스무 살입니다. 매일 집에서 아침을 먹습니다. 그리고, 지하철로 대학교에 갑니다. 매일 4시간 수업이 있습니다. 수업 후에, 보통 커피숍에 머무르며 숙제를 하고, 공부를 합니다. 내 친구는 오후마다 대학교에 옵니다. 그리고 함께 학교 식당에서 저녁을 먹습니다. 나는 밤마다 집에서 보통 이란 영화 한 편을 보고 잠을 잡니다.

ب.

۱. هستم ← دارم

۲. دارند ← اند / هستند

۳. است ← دارد

٤. داری ← دارد

Be. 옳지 않은 단어를 찾아 고치세요.

1. 나는 마리얌입니다. 나는 스무 살입니다.
2. 나의 엄마는 의사입니다. 그리고 40세입니다.
3. 당신의 친구는 몇 살입니까?
4. 너의 남자형제는 몇 살이니?

《4과》 우리는 12시에 회의가 있습니다.

들어봅시다-1

2.

۱) او ساعت دوازده جلسه دارد.

۲) جلسه یک ساعت و نیم است.

۳) او تا ساعت دو و نیم در اداره است.

٤) او با دوستش قرار دارد.

1) 어버는 몇 시에 회의가 있습니까? – 그는 12시에 회의가 있습니다.

2) 회의는 몇 시간입니까? – 회의는 한 시간 반입니다.

3) 하미드는 몇 시까지 사무실에 있습니까? – 그는 2시 30분까지 사무실에 있습니다.

4) 하미드는 사무실에서 나온 후, 무엇을 할 것입니까? – 그는 자신의 친구와 약속이 있습니다.

3. 문어체와 구어체 발음의 차이

들어봅시다-2

2.

١) الان او در کلاس است.

٢) او تا ساعت هفت و نیم کلاس دارد.

٣) او با آناهید قرار دارد.

1) 지금 어너히드는 지금 어디에 있습니까? – 지금 교실에 있습니다.

2) 어이더는 몇 시까지 수업이 있습니까? - 7시 반까지 수업이 있습니다.

3) 여셔르는 누구와 약속이 있습니까? – 어너히드와 약속이 있습니다.

3. 문어체와 구어체 발음의 차이

읽어봅시다-1

1.

١) او نیم ساعت ورزش می‌کند.

٢) او بعد از ورزش دوش می‌گیرد.

٣) او تا ساعت پنج کار می‌کند.

٤) او در خانه شام می‌خورد.

٥) او قبل از خواب کتاب می‌خواند.

1) 파리여는 매일 몇 시간 운동을 합니까? – 그는 30분 운동합니다.

2) 파리여는 운동 후에 무엇을 합니까? – 그는 운동 후에 샤워를 합니다.

3) 파리여는 몇 시까지 일을 합니까? – 그는 5시까지 일을 합니다.

4) 파리여는 어디서 저녁을 먹습니까? – 그는 집에서 저녁을 먹습니다.

5) 파리여는 자기 전에 무엇을 합니까? – 그는 자기 전에 책을 읽습니다.

읽어봅시다-2

1.

١) موزه‌ی ملّی ایران در تهران و در خیابان سی تیر است.

٢) موزه‌ی ملّی ایران دو بخش دارد؛ موزه‌ی ایران باستان و موزه‌ی اسلامی.

٣) موزه ساعت نُه باز می‌شود.

٤) موزه در فصل زمستان از ساعت نُه تا ساعت پنج باز است.

1) 이란 국립 박물관은 어디에 있습니까? – 이란 국립 박물관은 테헤란, 티르 30로(路)에 있습니다.

2) 이란 국립 박물관은 몇 개의 구역으로 되어 있습니까? – 이란 국립 박물관은 두 개의 구역이 있습니다 : 고대 이란 박물관과 이슬람 박물관입니다.

3) 박물관은 몇 시에 문을 엽니까? – 박물관은 9시에 엽니다.

4) 박물관은 겨울에 몇 시부터 몇 시까지 문을 엽니까? – 박물관은 겨울에 9시에서 5시까지 문을 엽니다.

연습문제

1.

الف.

١. شش و پنجاه دقیقه – ده دقیقه به هفت

٢. پنج و چهل و پنج دقیقه – یک ربع به شش

٣. نه و چهل دقیقه – بیست دقیقه به ده

٤. دو و سی دقیقه – دو و نیم

٥. یازده و پانزده دقیقه – یازده و ربع

몇 시입니까?

1. 6시 50분 – 7시 10분 전
2. 5시 45분 – 6시 15분 전
3. 9시 40분 – 10시 20분 전
4. 2시 30분 – 2시 반
5. 11시 15분 – 11시 15(1/4)분

ب.

١. بیدار می‌شود

٢. دوش می‌گیرد

٣. می‌خرد

٤. ورزش می‌کند

٥. می‌خوریم

٦. کار می‌کند

٧. هستیم

٨. تمام می‌شود

Be. 빈 칸을 채워보세요.

우리 가족은 4명입니다. 나의 아빠는 회사원입니다. 아빠는 아침 6시에 일어나서 샤워를 합니다. 샤워 전에 갓 구운 빵을 삽니다. 나의 엄마는 아침마다 1시간 운동을 합니다. 7시 반에 함께 아침식사를 합니다. 아빠는 8시부터 4까지 사무실에서 일합니다. 나와 내 남동생은 학생입니다. 우리 수업은 3시에 끝납니다.

پ.

١. تماشا می‌کند

٢. استراحت می‌کند

٣. زندگی می‌کنند

٤. مطالعه می‌کند

٥. صحبت می‌کند

Pe. 선택하세요.

1. 내 남동생은 만화를 매우 좋아해서 매일 만화를 봅니다.
2. 나의 아빠는 보통 늦은 오후마다 1시간 동안 소파에서 휴식합니다.
3. 베흐루즈의 여자형제와 남자형제는 모두 파일럿이고, 헝가리에 살고 있습니다.
4. 내 친구는 심리학자이지만, 때때로 예술 서적을 공부합니다.
5. 사미러는 일본에서 대학생이며, 매주 자신의 가족과 전화통화를 합니다.

《5과》 나는 초록색 셔츠를 샀습니다.

들어봅시다-1

2.

۱) عروسی برادر شیما است.

۲) او در بازار بود.

۳) او یک پیراهن سبز خرید.

1) 누구 남자형제의 결혼식입니까? – 쉬머의 남자형제 결혼식입니다.

2) 쉬머는 어제 늦은 오후에 어디에 있었습니까? – 그는 시장에 있었습니다.

3) 쉬머는 결혼식을 위해 무엇을 샀습니까? – 초록색 셔츠를 샀습니다.

3. 문어체와 구어체 발음의 차이

들어봅시다-2

2.

۱) نه، او آبی دوست ندارد.

۲) اتاقش صورتی و میزش قهوه‌ای است.

۳) کمد حامد سفید و کمد خواهرش سبز است.

1) 허메드는 파란색을 좋아합니까? – 아니오, 파란색을 좋아하지 않습니다.

2) 모쥐건의 방과 책상은 무슨 색입니까? – 방은 분홍색이고, 책상은 갈색입니다.

3) 허메드와 그의 여자형제의 옷장은 무슨 색입니까? – 허메드의 옷장은 흰색이고, 여자형제의 옷장은 초록색입니다.

3. 문어체와 구어체 발음의 차이

읽어봅시다-1

1.

۱) الان اتاق بهار آبی آسمانی است و اتاق برادرش سبز روشن است.

۲) مادرش نارنجی و پدرش بنفش را دوست دارد.

۳) اتاق آنها کرم است.

٤) رنگ‌های روشن برای خانه خوب هستند.

1) 바허르와 남자형제의 방은 무슨 색입니까? – 현재 바허르 방은 하늘색이고, 바허르의 남자형제의 방은 밝은 초록색입니다.

2) 바허르의 부모님은 무슨 색을 좋아합니까? - 어머니는 주황색을, 아버지는 보라색을 좋아합니다.

3) 바허르 부모님의 방은 무슨 색입니까? – 그들의 방은 크림색입니다.

4) 집에는 어떤 색이 좋습니까? 집에는 밝은 색깔들이 좋습니다.

읽어봅시다-2

1.

۱) او با مادرش به بازار رفت و لباس خرید.

۲) آنها برای مادربزرگ یک روسری بنفش و برای پدر بزرگ یک کلاه طوسی خریدند.

۳) او یک مانتوی نارنجی و یک کیف سفید خرید.

٤) آنها به قنّادی رفتند و شیرینی و آجیل خریدند.

1) 새해를 맞이하기 위해 샤헙은 무엇을 했습니까? – 그는 엄마와 시장에 가서 옷을 샀습니다.

2) 그들은 할아버지와 할머니를 위해 무엇을 샀습니까? – 그들은 할머니를 위해서는 보라색 루싸리를, 그리고 할아버지를 위해서는 회색 모자를 샀습니다.

3) 샤헙의 여자형제는 무엇을 샀습니까? – 그는 주황색 먼토와 흰색 가방을 샀습니다.

4) 가방을 산 후에, 그들은 무엇을 했습니까? – 그들은 제과점에 가서 쉬리니와 견과를 샀습니다.

연습문제

الف.

۱. مال من

۲. مال خواهرم

۳. قهوه‌ای

٤. رنگ کرد

۵. مانتوی

٦. سفید

Alef. 빈 칸을 채워보세요.

우리 집은 2층 집입니다. 우리들의 방은 2층에 있습니다. 나의 여자형제의 방은 크지만, 내 방은(내 것은) 작습니다. 내 방은 파란색이고, 내 여자형제의 것은 초록색입니다. 우리 방은 깨끗하고 예쁩니다. 내 여자형제는 갈색 옷장을 가지고 있었지만, 그는 갈색을 좋아하지 않습니다. 그는 자신의 옷장을 도색했고, 지금 그의 옷장은 파란색입니다. 그는 보통 네이비 블루의 짧은 먼토를 입습니다. 그의 루싸리는 흰색과 검은색입니다.

ب.

۱. ت

۲. پ

۳. الف

٤. ب

B. 연결하세요.

1. 이 베이지색 상자는 푸네와 로전 것입니까? – d. 아니오, 그들의 것이 아닙니다. 그들의 것은 캐비닛에 있습니다.
2. 이 울 코트는 당신 것입니까? – c. 아니오, 내 것이 아닙니다. 파염의 것입니다.
3. 분홍색 슬리퍼는 제 것이 아니에요. – a. 알고 있습니다. 나헐 것이에요.
4. 초록색 자전거는 마흐텁의 것입니까? – b. 네, 그는 보통 운동을 합니다.

《6과》 너 25만 토만 더 싸게 샀니?

들어봅시다-1

2.

۱) او جاروبرقی را هفتصد و پنجاه هزار تومان خرید.

۲) فروشگاه اطلس در خیابان انقلاب، بعد از میدان فردوسی روبروی کتابفروشی چشمه قرار دارد.

۳) چون حراج بود.

1) 비터는 청소기를 얼마에 샀습니까? – 청소기를 750,000 토만에 샀습니다.
2) 아틀라스 상점은 어디에 위치하고 있습니까? – 아틀라스 상점은 엥겔랍로(路). 페르도우시 광장 다음, 체쉬메 서점 맞은 편에 있습니다.
3) 비터는 청소기를 왜 싸게 샀습니까? – 세일 중이었습니다.

3. 문어체와 구어체 발음의 차이

들어봅시다-2

2.

۱) لباسشویی سیاه کوچک‌تر بود.
۲) او لباسشویی سیاه را خرید.
۳) لباسشویی سیصد هزار تومان تخفیف داشت.

1) 어떤 세탁기가 더 작았습니까? – 검정색 세탁기가 더 작았습니다.
2) 아쌀은 어떤 세탁기를 샀습니까? – 검정색 세탁기를 샀습니다.
3) 세탁기는 얼마나 할인이 되었습니까? – 세탁기는 300,000 토만 할인되었습니다.

3. 문어체와 구어체 발음의 차이

읽어봅시다-1

1.

۱) اتاق‌های خانه‌ی جدید بهتر هستند، چون قشنگ‌تر و روشن‌تر هستند.
۲) گلدان روی یخچال است.
۳) ماشین ظرفشویی روبروی یخچال است.
٤) چون آشپزخانه کوچک بود.

1) 새 집의 방들이 더 좋았습니까 아니면 전 집이 더 좋았습니까? 왜 그렇습니까? – 새 집의 방들이 더 좋았습니다. 왜냐하면 더 예쁘고 더 밝기 때문입니다.
2) 꽃병은 어디에 위치합니까? – 꽃병은 냉장고 위에 있습니다.
3) 냉장고 맞은 편에는 무엇이 있습니까? – 식기세척기가 냉장고 맞은 편에 있습니다.
4) 왜 세탁기를 욕실에 놓았습니까? – 부엌이 작았기 때문입니다.

읽어봅시다-2

1.

۱) بازار بزرگ تهران قدیمی‌تر از بازار تجریش است.

۲) چون همه چیز در بازار از فروشگاه و پاساژ ارزان‌تر است.

۳) نزدیک سال نو و شروع مدرسه، بازارها شلوغ‌تر هستند.

1) 테헤란 그랜드 바자르가 더 오래되었나요, 타지리쉬 바자르가 더 오래되었나요? – 테헤란 그랜드 바자르가 타지리쉬 바자르보다 더 오래되었습니다.

2) 왜 바자르(시장)는 항상 붐빕니까? – 바자르의 모든 것들이 상점이나 백화점 보다 저렴하기 때문입니다.

3) 시장은 언제 더 붐빕니까? – 새해와 개학 즈음에 바자르가 더 붐빕니다.

연습문제

الف.

۱. روشن‌تر

۲. کوتاه‌تر

۳. گران‌تر

٤. خلوت‌تر

٥. کوچک‌تر

Alef. 빈 칸을 채워보세요.

1. 내 방에는 창문이 있지만 내 여자형제의 것에는 없습니다. 내 방은 더 밝습니다.
2. 알리는 175cm 입니다. 시너는 180cm입니다. 알리는 시너보다 더 키가 작습니다.
3. 티셔츠는 50,000토만입니다. 셔츠는 75,000토만입니다. 셔츠가 티셔츠보다 더 비쌉니다.
4. 마리얌의 교실에는 20명의 대학생이 있습니다. 미너의 교실에는 26명의 대학생이 있습니다. 마리얌의 교실이 미너의 교실보다 더 한산합니다.
5. 우리 집은 침실 3개가 있습니다. 그들의 집은 침실 하나가 있습니다. 그들의 집은 우리집보다 더 작습니다.

ب.

۱. بزرگ‌تر

۲. بلندتر

۳. کوتاه‌تر

٤. بیشتر

٥. کمتر

Be. 표를 보고, 아래의 문장을 완성해보세요.

1. 모러디씨는 43세입니다. 그는 호세이니씨보다 나이가 많습니다.
2. 호세이니씨의 키는 182cm입니다. 호세이니씨는 모러디씨보다 키가 큽니다.
3. 파힘씨와 모러디씨는 동갑입니다. 그러나 파힘씨의 키는 모러디씨의 키보다 작습니다.
4. 호세이니씨의 몸무게는 모러디씨보다 더 많이 나갑니다. 그의 몸무게는 86kg입니다.
5. 파힘씨와 모러디씨는 몸무게가 같지 않습니다. 파힘씨의 몸무게는 모러디씨보다 더 적습니다.

《7과》 저에게 메뉴를 주세요.

들어봅시다-1

2.

۱) چون غذا خیلی داغ بود.

۲) سودابه خیلی گرسنه بود.

۳) نه، او زیاد غذا خورد.

٤) غذای سبک برای شب مناسب است.

٥) معمولاً غذاهای ایرانی چرب هستند.

1) 어머니는 왜 수더베에게 "딸아, 천천히 먹어라"라고 말했습니까? – 왜냐하면 음식이 뜨거웠기 때문입니다.
2) 누가 정말 배가 고팠습니까? – 수더베는 정말 배가 고팠습니다.
3) 민준은 음식을 적게 먹었습니까? – 아니오, 음식을 많이 먹었습니다.
4) 밤에는 어떤 음식이 적당합니까? – 밤에는 가벼운 음식이 적당합니다.
5) 이란 음식들은 보통 어떻습니까? – 보통 이란 음식들은 기름집니다.

3. 문어체와 구어체 발음의 차이

들어봅시다-2

2.

۱) نه، دوست ندارد. چون قورمه‌سبزی ترش است.

۲) نوشیدنی او دوغ بود.

۳) آنها یک سالاد سفارش دادند.

1) 민지는 고르메사브지를 좋아합니까? 왜 그렇습니까? – 아니오 좋아하지 않습니다. 왜냐하면 고르메사브지가 신 맛이기 때문입니다.
2) 비잔의 음료는 무엇이었습니까? – 그의 음료는 둑이었습니다.
3) 비잔과 민지는 샐러드 몇 개를 주문했습니까? – 그들은 샐러드 하나를 주문했습니다.

3. 문어체와 구어체 발음의 차이

읽어봅시다-1

1.

۱) برای پختن قورمه‌سبزی، گوشت، پیاز و سبزی را خرد می‌کنیم.

۲) نه، آنها را در روغن سرخ می‌کنیم.

۳) نمک و زردچوبه را اضافه می‌کنیم.

٤) تقریباً سه ساعت لازم است.

1) 고르메사브지를 만들기 위해 무엇을 썰어 놓아야 합니까? – 고르메사브지 요리를 위해, 고기, 양파와 야채를 썰어 놓아야 합니다.
2) 고르메사브지를 만들기 위해 고기와 양파를 삶아야 합니까? – 아니오, 그것들을 기름에 볶아야 합니다(튀겨야 합니다).
3) 고르메사브지를 만들기 위해 어떤 향신료를 넣어야 합니까? – 소금과 강황을 넣어야 합니다.
4) 음식을 요리하는 데 대략 몇 시간이 필요합니까? - 대략 3시간이 필요합니다.

읽어봅시다-2

1.

۱) آنها معمولاً نان، پنیر، خامه، کره، عسل و مربّا می‌خورند.

۲) آش در زمستان مناسب است.

۳) نه، فالوده یک دسر ایرانی است.

٤) بستنی سنّتی، فالوده، شله زرد و مسقطی.

٥) غذای معروف اصفهان بریانی است.

٦) در اردبیل خامه و عسل خوب است./ اردبیل خامه و عسل خوبی دارد.

1) 이란인들은 아침 식사로 무엇을 먹습니까? – 그들은 보통 빵, 치즈, 크림, 버터, 꿀과 잼을 먹습니다.

2) 어쉬는 무슨 계절에 적절합니까? – 어쉬는 겨울에 적절합니다(잘 맞습니다).

3) 펄루데는 이란 음식 중 하나입니까? – 아니오, 펄루데는 이란의 디저트 중 하나입니다.

4) 이란의 디저트를 몇 가지 적어보세요. – 전통 아이스크림, 펄루데, 숄레 자르드와 마스카티

5) 에스파헌의 유명한 음식은 무엇입니까? – 에스파헌의 유명한 요리는 베리여니입니다.

6) 어떤 도시의 크림과 꿀이 좋습니까? – 아르데빌이 크림과 꿀이 좋습니다.

연습문제

الف.

۱. باز کن

۲. اضافه کنید

۳. بخورید

٤. امتحان کن

٥. بشویید

Alef. 빈 칸을 채워보세요.

1. 마리얌, 여기 공기가 너무 덥다. 창문을 열어줘.
2. 그는 달콤한 커피를 마십니다. 설탕을 약간 추가해주세요.
3. 우리 2시간 시간이 있습니다. 천천히 음식을 드세요.
4. 알리, 이 디저트 정말 맛있어. 그것을 먹어봐(시도해 봐).
5. 식사 전에 당신의 손을 잘 씻으세요.

ب.

۱. الف. بپوشید

۲. ت. بخواب

۳. ب. روشن کن

٤. الف. اتو کنید

٥. ب. بده

Be. 선택하세요.

1. 요즘 날씨가 매우 춥습니다. 따뜻하게 입으세요.

2. 너 내일 중요한 시험이 있지. 오늘 밤에 제때 자라.

3. 집이 매우 어둡네. 불들을 켜라.

4. 당신 옷이 매우 구김이 있네요. 그것들을 다림질 하세요.

5. 너 책이 많네. 네 오래된 책을 도서관에 줘라.

《8과》 일곱 번째 정류장에서 하차하세요.

들어봅시다-1

2.

۱) داروخانه در کوچه‌ی سوّم است.

۲) بله، خیلی دور است.

۳) او با اتوبوس به داروخانه می‌رود.

1) 약국은 어느 골목에 있습니까?? – 약국은 세번 째 골목(3번가)에 있습니다.

2) 약국은 멉니까? – 네, 매우 멉니다.

3) 민준은 어떻게 약국에 갈 것입니까? – 버스로 약국에 갈 것입니다.

3. 문어체와 구어체 발음의 차이

들어봅시다-2

2.

۱) بله، پمپ بنزین نزدیک است.

۲) پمپ بنزین نبش دوّمین خیابان است.

۳) نه، معمولاً خلوت است.

1) 주유소는 가깝습니까? – 네, 주유소는 가깝습니다.

2) 주유소는 어떤 도로 모퉁이에 있습니까? – 주유소는 두 번째 도로 모퉁이에 있습니다.

3) 이 주유소는 보통 붐빕니까? – 아니오, 보통 한산합니다.

3. 문어체와 구어체 발음의 차이

읽어봅시다-1

1.

۱) خاله‌ی بهنام در طبقه‌ی چهارم زندگی می‌کند.

۲) آرش هم‌سنّ بهنام است.

۳) نه، او مجرّد نیست. او در هلند زندگی می‌کند.

٤) بابک آخرین فرزند خانواده است.

٥) چون بابک بالاخره بعد از سه سال کار پیدا کرد.

1) 베스넘의 이모는 어디에 살고 있습니까? – 베흐넘의 이모는 4층에 살고 있습니다.

2) 누가 베흐넘과 동갑입니까? – 어라쉬가 베흐넘과 동갑입니다.

3) 어저데는 미혼입니까? 그는 어디에 살고 있습니까? – 아니오, 그는 미혼이 아닙니다. 네덜란드에서 살고 있습니다.

4) 버박은 집에서 몇 째입니까? – 버박은 집에서 막내입니다.

5) 왜 이모는 친척 모두를 초대했습니까? – 왜냐하면 버박이 3년 만에 마침내 취업을 했기 때문입니다.

읽어봅시다-2

1.

۱) الان نمایشگاه کتاب تهران در شهر آفتاب و در جنوب تهران قرار دارد.

۲) نمایشگاه هر سال در دوّمین ماه بهار باز است.

۳) بیست و یکمین نمایشگاه در عبّاس‌آباد بود.

1) 현재 테헤란 도서박람회는 어디에 위치하고 있습니까? – 현재 테헤란 도서박람회는 샤흐레 어프텁, 테헤란 남부에 위치하고 있습니다.

2) 테헤란 도서박람회는 일년 중 몇 월에 열립니까? – 박람회는 매년 봄의 두 번째 달에 열립니다.

3) 몇 번째 테헤란 도서박람회가 압버스 어버드에서 있었습니까? – 21회 박람회가 압버스 어버드에서 있었습니다.

✓ 연습문제

الف.

۱. ششمین

۲. نهمین

۳. دوّمین

٤. هفتمین

٥. اوّل

Alef. 빈 칸을 채워보세요.

1. 당신들의 집은 이 타워의 여섯 번째 층에 있습니까?
   네, 우리는 이 타워의 여섯 번째 층에 살고 있습니다.
2. 세차장은 아홉 번째 골목 안에 있습니까?
   아니오, 아홉 번째 골목 모퉁이에 있습니다.
3. 이라즈는 가족의 자녀 중 첫째입니까?
   아니오, 형이 하나 있습니다. 그는 두 번째 자녀입니다.
4. 여러분은 어제 이 책의 일곱 번째 과를 공부했습니까?
   아니오, 여섯 과를 끝냈습니다. 오늘은 일곱 번째 과를 공부할 것입니다.
5. 너는 오늘 이 영화를 본 것이 처음이니?
   아니, 처음이 아니야. 두 번째야.

ب.

۱. نهمین

۲. آگوست

۳. یازدهم

٤. آخرین / دوازدهمین

٥. ژانویه

Be. 표를 보고 아래의 문장을 완성하세요.

1. September는 서기력으로 9번째 달입니다.

2. 서기력의 8번째 달은 August입니다.

3. November는 서기력의 11번째 달입니다.

4. 서기력의 마지막/12번째 달은 December입니다.

5. 서기력의 1년의 시작은 January입니다.

《9과》 이 알약을 하루 세 번 식사 후에 먹어야 해.

들어봅시다-1

2.

۱) او بعد از کلاس به سینما می‌رود.

۲) چون او سردرد دارد.

۳) او به خانه می‌رود.

٤) او با مادرش به دکتر می‌رود.

1) 베흐러드는 수업 후에 어디에 갑니까? – 그는 수업이 끝나고 극장에 갑니다.

2) 샤밈은 수업 후에 왜 병원에 가야합니까(의사선생님에게 가야합니까)? – 왜냐하면 두통이 있기 때문입니다.

3) 샤밈은 병원에 가기 전에 어디에 갈 것입니까? – 집에 갈 것입니다.

4) 샤밈은 누구와 병원에 갈 것입니까? – 자신의 어머니와 병원에 갈 것입니다.

3. 문어체와 구어체 발음의 차이

들어봅시다-2

2.

۱) بیماری او سرماخوردگی است.

۲) نه، سرفه نمی‌کند. امّا عطسه می‌کند و آبریزش دارد.

۳) چون آریا از آمپول می‌ترسد.

٤) او باید روزی سه قرص بخورد.

1) 어리여의 병명은 무엇입니까? – 어리여의 병은 감기입니다.

2) 어리여는 기침을 합니까? – 아니오, 기침을 하지 않습니다. 그러나 재채기를 하고, 콧물이 납니다.

3) 왜 의사선생님은 어리여에게 주사를 놓지 않았습니까? – 왜냐하면 어리여가 주사를 무서워하기 때문입니다.

4) 어리여는 하루에 몇 개의 알약을 먹어야 합니까? – 그는 하루에 알약 세 개를 먹어야 합니다.

3. 문어체와 구어체 발음의 차이

읽어봅시다-1

1.

١) غذاهای سالم، میوه و سبزی برای سلامتی خوب هستند.

٢) بعد از غذا باید مسواک بزنیم.

٣) باید آب زیاد بخوریم.

٤) نه، آنها برای سلامتی مناسب نیستند.

٥) نه، نباید سیگار بکشیم.

1) 어떤 음식이 건강에 좋습니까? – 건강한 음식, 과일, 채소가 건강에 좋습니다.

2) 식사 후에 무엇을 해야합니까? – 식사 후에는 양치질을 해야합니다.

3) 건강을 위해 무엇을 많이 먹어야 합니까? – 물을 많이 마셔야 합니다.

4) 알코올 음료가 건강에 적당합니까? – 아니오, 그것들은 건강에 좋지 않습니다.

5) 스트레스를 줄이기 위해 담배를 피워야 합니까? – 아니오, 담배를 피우지 말아야 합니다.

읽어봅시다-2

1.

١) آنها برای استراحت، تفریح و درمان به چشمه‌های طبیعی می‌روند.

٢) نه، خارجی‌ها هم از این چشمه‌ها استفاده می‌کنند.

٣) داروهای گیاهی را باید از عطّاری بخریم.

1) 사람들은 왜 천연 샘에 갑니까? – 휴식과 휴양, 그리고 치료를 위해 천연 샘에 갑니다.

2) 이란인들만 이 샘을 이용합니까? – 아니오, 외국인들도 이 샘을 이용합니다.

3) 약초들을 어디에서 사야합니까? – 약초를 약제상에서 사야합니다.

연습문제

الف.

۱. بخوابم

۲. برود

۳. بخوریم

۴. ورزش کنی

۵. صحبت کنید

Alef. 빈 칸을 채워보세요.

1. 나는 내일 시험이 있습니다. 오늘 밤은 빨리 자야합니다.
2. 나의 아빠는 두통이 있습니다. 그는 의사선생님에게 가야합니다.
3. 여름에 날씨가 매우 덥습니다. 우리는 물을 많이 마셔야 합니다.
4. 너의 건강을 위해, 일주일에 3번 운동을 해야만 한다.
5. 당신은 도서관에서 큰 소리로 이야기 해서는 안됩니다.

ب.

۱. درس بخوانی

۲. بپوشی

۳. بخوابید

۴. ببریم

۵. کمک کنند

Be. 올바른 답을 선택하세요.

1. 아들아, 다음 주에 시험이 있지. 열심히 공부해야 한다.
2. 딸아, 날씨가 매우 춥다. 따뜻한 옷을 입어야 한다.
3. 당신은 내일 산에 갑니다. 오늘 밤에 빨리 자야합니다.
4. 어자르는 아픕니다. 우리는 그를 병원에 데려가야 합니다.
5. 집안 일은 매우 많습니다. 그들은 자신의 어머니를 도와야 합니다.

《10과》 남부 쪽 여행에 가장 좋은 계절은 겨울입니다.

✓ 들어봅시다-1

2.

۱) او تابستان را دوست دارد، چون به شنا و دریا علاقه دارد.

۲) چون او اسکی و برف را دوست دارد.

۳) سفر در ایران در پاییز و بهار بهتر است.

1) 파르빈은 무슨 계절을 좋아합니까? 왜 그렇습니까? – 그는 여름을 좋아합니다. 왜냐하면 수영과 바다를 좋아하기 때문입니다.

2) 루즈베는 왜 겨울을 좋아합니까? – 왜냐하면 스키와 눈을 좋아하기 때문입니다.

3) 어느 계절이 이란 여행에 더 좋습니까? – 이란 여행은 가을과 봄이 더 좋습니다.

3. 문어체와 구어체 발음의 차이

✓ 들어봅시다-2

2.

۱) چون بهترین فصل برای سفر به جنوب زمستان است.

۲) بزرگترین جزیره‌ی ایران قشم است.

۳) او بندرعبّاس و جزیره‌ی کیش را می‌بیند.

1) 아프서네는 왜 겨울방학에 이란 남부에 갑니까? – 왜냐하면 남부 여행에 가장 좋은 계절이 겨울이기 때문입니다.

2) 이란의 가장 큰 섬은 어떤 곳입니까? – 이란의 가장 큰 섬은 게쉼섬입니다.

3) 이 여행에서 아프서네는 어떤 도시들을 볼 것입니까? 반다르압버스와 키쉬섬을 볼 것 입니다.

3. 문어체와 구어체 발음의 차이

✓ 읽어봅시다-1

1.

۱) کردستان خوشمزّه‌ترین ماهی‌کباب را دارد.

۲) مهم‌ترین بازار سرپوشیده‌ی جهان در تبریز است.

۳) بزرگ‌ترین دریاچه‌ی جهان در شمال ایران است.

۴) دولت قدیمی‌ترین کلیسای ایران را در یونسکو ثبت کرد.

1) 어디에 가장 맛있는 생선케밥이 있습니까? – 코르데스탄에 가장 맛있는 생선케밥이 있습니다.
2) 세계에서 가장 중요한 (지붕으로 덮인) 시장은 어디입니까? – 세계에서 가장 중요한 (지붕으로 덮인) 시장은 타브리즈에 있습니다.
3) 세계의 가장 큰 호수는 어디에 위치합니까? – 세계의 가장 큰 호수는 이란의 북쪽에 있습니다.
4) 정부는 1378년 어떤 건물을 유네스코에 등재했습니까? – 정부는 이란의 가장 오래된 교회를 유네스코에 등재했습니다.

읽어봅시다-2

1.

۱) مهم‌ترین جشن ایرانی‌ها در فصل بهار است.

۲) چون در تابستان مدرسه‌ها تعطیل هستند.

۳) آنها در پاییز به مدرسه می‌روند.

۴) اسم بلندترین شب سال، شب یلدا است.

۵) در آخرین ماه زمستان، مردم شهر را برای نوروز آماده می‌کنند.

1) 이란인들의 가장 중요한 축제는 어느 계절에 있습니까? – 이란인들의 가장 중요한 축제는 봄에 있습니다.
2) 왜 사람들은 여름에 여행을 많이 합니까? – 왜냐하면 여름에 학교가 방학을 하기 때문입니다.
3) 학생들은 무슨 계절에 학교에 갑니까? – 그들은 가을에 학교에 갑니다.
4) 1년 중 가장 긴 밤의 이름은 무엇입니까? – 1년 중 가장 긴 밤의 이름은 '동지(샤베 얄더)'입니다.
5) 몇 월에 사람들은 노루즈를 맞기 위한 준비를 합니까? – 겨울의 마지막 달에 사람들은 도시를 노루즈 맞이를 위해 준비합니다.

연습문제

الف.

۱. گرم‌ترین

۲. سردتر

۳. شلوغ‌ترین

۴. اوّلین

۵. بلندتر

Alef. 빈 칸을 채워보세요.

1. 여름은 이란에서 한 해의 가장 더운 계절입니다.

2. 겨울은 가을보다 더 춥습니다.

3. 테헤란시는 가장 붐비는 이란의 도시입니다.

4. 이란에서 한 해의 첫 계절은 봄입니다.

5. 여름의 낮은 겨울의 낮보다 더 깁니다.

ب.

۱. آلوده‌ترین

۲. بزرگ‌ترین

۳. پرجمعیت‌ترین

٤. گران

۵. بلندترین

Be. 올바른 어휘를 선택하세요.

1. 에스파헌은 가장 오염된 이란 중부 도시 중 하나입니다.

2. 카스피해는 이란의 가장 큰 호수입니다.

3. 코라산 주의 가장 인구가 많은 도시는 마쉬하드입니다.

4. 수제 카펫은 이란의 비싼 기념품 중 하나입니다.

5. 알보르즈 산맥은 이란 북쪽에 위치하며, 다머반드는 그것의 가장 높은 정상입니다.

듣기 대본 및 해석

《1과》 화요일에 페르시아어 수업이 있었습니다.

들어봅시다-1

1.

مریم دیروز چن شنبه بود؟

مین‌جون سه شنبه.

مریم کلاس داشتی؟

مین‌جون آره، یه کلاس فارسی داشتم.

مریم فردا چی؟

مین‌جون نه، پنج‌شنبه‌ها تعطیلم.

مریم راستی، پریروز کجا بودی؟

مین‌جون پریروز دوشنبه بود. صبح دانشگاه کلاس داشتم. عصرم رفتم کتابخونه.

3.

مریم دیروز چند شنبه بود؟

مین‌جون سه شنبه.

مریم کلاس داشتی؟

مین‌جون بله، یک کلاس فارسی داشتم.

مریم فردا چی؟

مین‌جون نه، پنج‌شنبه‌ها تعطیلم.

مریم راستی، پریروز کجا بودی؟

مین‌جون پریروز دوشنبه بود. صبح در دانشگاه کلاس داشتم.
عصر هم به کتابخانه رفتم.

마리암 어제 무슨 요일이었지?

민준 화요일.

마리암 너 수업 있었니?

민준 응, 페르시아어 수업 하나 있었어.

마리얌 내일은 어때?
민준 없어. 목요일은 휴일이야.
마리얌 정말, 그저께는 어디 있었어?
민준 그저께가 월요일이었지. 아침에 대학교에서 수업이 있었어. 오후에는 또 도서관에 갔었지.

들어봅시다-2

1.

ستاره فرهاد، فردا کلاس داری؟
فرهاد نه، سئول، شنبه و یه‌شنبه تعطیله.
ستاره اِ... ما تو ایران، جمعه‌ها تعطیلیم.
فرهاد فقط یه روز تعطیلی دارین؟
ستاره نه، مدرسه‌ها پنج‌شنبه هم تعطیلن.
فرهاد پس چرا چهارشنبه‌ی قبل نرفتی دانشگاه؟
ستاره چون «روز پدر» بود. «روز پدر» تو ایران تعطیله.
فرهاد دیروز کجا رفتی؟
ستاره رفتم بازار و برا پدرم هدیه خریدم.

3.

ستاره فرهاد، فردا کلاس داری؟
فرهاد نه، در سئول، شنبه و یک‌شنبه تعطیل است.
ستاره اِ... ما در ایران، جمعه‌ها تعطیلیم.
فرهاد فقط یک روز تعطیلی دارید؟
ستاره نه، مدرسه‌ها پنج‌شنبه هم تعطیلند.
فرهاد پس چرا چهارشنبه‌ی قبل به دانشگاه نرفتی؟
ستاره چون «روز پدر» بود. «روز پدر» در ایران تعطیل است.
فرهاد دیروز کجا رفتی؟
ستاره به بازار رفتم و برای پدرم هدیه خریدم.

세터레	파르허드, 내일 수업 있니?
파르허드	아니, 서울은 토요일과 일요일은 휴일이야.
세터레	아… 우리 이란에서는 금요일이 휴일이야.
파르허드	딱 하루만 휴일이야?
세터레	아니, 학교는 목요일도 쉬어.
파르허드	그러면 지난 수요일에는 왜 대학교에 안갔어?
세터레	"아버지의 날"이었어. 이란에서 "아버지의 날"은 휴일이야.
파르허드	어제는 어디 갔었어?
세터레	시장에 가서 아빠 선물을 샀어.

《2과》 넌 휴일에 무엇을 했니?

✓ 들어봅시다-1

1.

نسرین	شهرام، شنبه و یه‌شنبه کجا رفتی؟
شهرام	شنبه رفتم کوه و یه‌شنبه تو خونه موندم. تو کجا بودی؟
نسرین	یه‌شنبه منم تو خونه بودم، امّا شنبه رفتم کافی‌شاپ و دوستمو دیدم.
شهرام	من یه‌شنبه به مادرم کمک کردم. تو چی کار کردی؟
نسرین	من با خواهرم بازی کردم.
شهرام	آخرهفته خوش گذشت؟
نسرین	آره، خیلی خوب بود. خیلی خوش گذشت.

3.

نسرین	شهرام، شنبه و یک‌شنبه کجا رفتی؟
شهرام	شنبه به کوه رفتم و یک‌شنبه در خانه ماندم. تو کجا بودی؟
نسرین	یک‌شنبه من هم در خانه بودم، امّا شنبه به کافی‌شاپ رفتم و دوستم را دیدم.
شهرام	من یک‌شنبه به مادرم کمک کردم. تو چه کار کردی؟
نسرین	من با خواهرم بازی کردم.
شهرام	آخرهفته خوش گذشت؟
نسرین	بله، خیلی خوب بود. خیلی خوش گذشت.

나스린 샤흐럼, 토요일과 일요일에 어디 갔었니?
샤흐럼 토요일에는 산에 갔고, 일요일에는 집에 있었어. 너는 어디 있었니?
나스린 일요일은 나도 집에 있었는데, 토요일에는 커피숍에 가서 친구를 만났어.
샤흐럼 나는 일요일에 엄마를 도와드렸어. 너는 뭐했니?
나스린 나는 내 여동생과 놀았어.
샤흐럼 주말 즐겁게 보냈니?
나스린 응 정말 좋았어. 즐겁게 보냈어.

들어봅시다-2

1.

رؤیا	هفته‌ی قبل سه روز تعطیل بود. چی کار کردی؟
آرمان	با دوستام رفتم بوسان.
رؤیا	بوسان، کجا موندین؟ رفتین هتل ؟
آرمان	نه، دوستم تو بوسانه. رفتیم خونه‌ی اون.
رؤیا	چطوری رفتین بوسان ؟
آرمان	بلیط قطار خریدیم و با قطار رفتیم.
رؤیا	بوسان چی کار کردین؟
آرمان	تو دریا شنا کردیم، تو ساحل بازی کردیم و رفتیم سینما.
رؤیا	خوش گذشت؟
آرمان	آره، خیلی خوش گذشت. جای شما خالی.

3.

رؤیا	هفته‌ی قبل سه روز تعطیل بود. چه کار کردی؟
آرمان	با دوست‌هایم به بوسان رفتم.
رؤیا	در بوسان، کجا ماندید؟ به هتل رفتید؟
آرمان	نه، دوستم در بوسان است. به خانه‌ی او رفتیم.
رؤیا	چطور به بوسان رفتید؟
آرما.	بلیط قطار خریدیم و با قطار رفتیم.
رؤیا	در بوسان چه کار کردید؟

آرمان در دریا شنا کردیم، در ساحل بازی کردیم و به سینما رفتیم.

رؤیا خوش گذشت؟

آرمان بله، خیلی خوش گذشت. جای شما خالی.

로여	지난 주에 3일 동안 휴일이었어. 너 뭐했니?
어르먼	친구들과 부산에 갔어.
로여	부산에서 어디 묵었니? 호텔에 갔었니?
어르먼	아니, 내 친구가 부산에 있어. 그 친구네 집에 갔어.
로여	부산에 어떻게 갔니?
어르먼	기차표 사서, 기차로 갔어.
로여	부산에서 뭐했어?
어르먼	바다에서 수영하고, 해변에서 놀고, 극장에 갔어.
로여	잘 보냈어?
어르먼	응, 잘 보냈어. 너도 있었으면 좋았을텐데.

《3과》 제 누나는 25세입니다.

들어봅시다-1

1.

افسانه ساسان چن سال داری؟

ساسان من بیس سال دارم .تو چن سال داری؟

افسانه منم بیس سال دارم.

ساسا. جالبه. ما هر دو بیس ساله هستیم.

افسانه خواهرت چن سال داره؟

ساسان خواهرم بیس و پنج سالهاس.

افسانه اونم میره دانشگاه؟

ساسان نه، اون کارمنده.

3.

افسانه ساسان چند سال داری؟

ساسان من بیست سال دارم. تو چند سال داری؟

افسانه	من هم بیست سال دارم.
ساسان	جالب است. ما هر دو بیست ساله هستیم.
افسانه	خواهرت چند سال دارد؟
ساسان	خواهرم بیست و پنج ساله است.
افسانه	او هم به دانشگاه می‌رود؟
ساسان	نه، او کارمند است.

아프서네	서선, 너 몇 살이니?
서선	나 스무 살이야. 넌 몇 살이니?
아프서네	나도 스무 살이야.
서선	재밌네. 우리 둘 다 스무 살이네.
아프서네	너희 누나는 몇 살이야?
서선	우리 누나는 스물 다섯 살이야.
아프서네	너희 누나도 대학교에 다니니?
서선	아니 누나는 회사원이야.

✓ 들어봅시다-2

1.

شیرین	فردا من می‌رم تولّد پگاه. تو هم می‌آی؟
امین	آره، منم می‌آم. امّا آدرس دقیقو ندارم.
شیرین	اِ...خونه‌ی پگاه نزدیک خونه‌ی ماس. با هم می‌ریم اونجا.
امین	خوبه، امّا من آدرس شمارو هم ندارم.
شیرین	خونه‌ی ما تو خیابون آزادیه، بعد از کوچه‌ی چهل و یک، پلاک شصت و هش.
امین	طبقه‌ی چن هستین؟
شیرین	طبقه‌ی بیست و دو هستیم، واحد سه.
امین	دسّت درد نکنه.
شیرین	خواهش می‌کنم.

3.

شیرین	فردا من به تولّد پگاه می‌روم. تو هم می‌آیی؟
امین	بله، من هم می‌آیم. امّا آدرس دقیق را ندارم.
شیرین	اِ ... خانه‌ی پگاه نزدیک خانه‌ی ماست. با هم به آنجا می‌رویم.
امین	خوب است، امّا من آدرس شما را هم ندارم.
شیرین	خانه‌ی ما در خیابان آزادی، بعد از کوچه‌ی چهل و یک، پلاک شصت و هشت است.
امین	طبقه‌ی چند هستید؟
شیرین	طبقه‌ی بیست و دو، واحد سه هستیم.
امین	دستت درد نکند.
شیرین.	خواهش می‌کنم.

쉬린	나 내일 페가 생일에 가는데, 너도 같이 갈래?
아민	네, 나도 갈게요. 근데 정확한 주소가 없어요.
쉬린	아, 페가 집은 우리 집이랑 가까워. 같이 가자.
아민	좋아요. 근데 난 당신의 주소도 없어요.
쉬린	우리 집은 어저디로, 41번 골목 다음, 68번지에 있어.
아민	몇 층이세요?
쉬린	22층 3호야.
아민	고맙습니다.
쉬린	천만에.

《4과》 우리는 12시에 회의가 있습니다.

들어봅시다-1

1.

حمید	امروز ساعت چن جلسه دارین؟
آوا	الان ساعت یازده‌اس، ساعت دوازده جلسه داریم.
حمید	تا کی جلسه دارین؟
آوا	تا ساعت یک و نیم. تو تا ساعت چن تو اداره می‌مونی؟
حمید	امروز از ساعت نه تا ساعت دو و نیم کار می‌کنم.

آوا ساعت دو و نیم می‌ری خونه؟
حمید نه، خونه نمی‌رم. ساعت سه با دوستم قرار دارم.
آوا خُب. پس، بعداً می‌بینمت.

3.
حمید امروز ساعت چند جلسه دارید؟
آوا الان ساعت یازده است، ساعت دوازده جلسه داریم.
حمید تا کی جلسه دارید؟
آوا تا ساعت یک و نیم. تو تا ساعت چند در اداره می‌مانی؟
حمید امروز از ساعت نه تا ساعت دو و نیم کار می‌کنم.
آوا ساعت دو و نیم به خانه می‌روی؟
حمی. نه، به خانه نمی‌روم. ساعت سه با دوستم قرار دارم.
آوا خُب. پس، بعداً می‌بینمت.

하미드 오늘 몇 시에 회의 있으세요?
어버 지금 11시죠. 12시에 있어요.
하미드 언제까지 회의에요?
어버 1시 반까지요. 몇 시까지 회사에 있어요?
하미드 오늘은 9시부터 2시 반까지 일해요.
어버 2시 반에 집에 가나요?
하미드 아니오, 집에 안가요. 3시에 친구와 약속이 있어요.
어버 좋아요, 그럼 나중에 봐요.

들어봅시다-2

1.
یاشار آیدا، ساعت چنده؟
آیدا یه لحظه ... شیش و ربعه، امّا ساعت من پنج دیقه عقبه.
یاشار پس الان ساعت شیش و بیست دیقه‌اس. درسته؟
آیدا بله، با کسی قرار داری؟
یاشار بله، کلاس آناهید ساعت هف تموم می‌شه. باهم می‌ریم رستوران دانشگاه.

تو هم می‌آی؟

آیدا بله، امّا تا هفت و نیم کلاس دارم و بیس دیقه به هش می‌رسم.

یاشار باشه، اشکالی نداره.

آیدا پس، تو رستوران می‌بینمتون.

3\.

یاشار آیدا، ساعت چند است؟

آیدا یک لحظه ... شش و ربع است. امّا ساعت من پنج دقیقه عقب است.

یاشار پس الان ساعت شش و بیست دقیقه است، درست است؟

آیدا بله، با کسی قرار داری؟

یاشار بله، کلاس آناهید ساعت هفت تمام می‌شود. با هم به رستوران دانشگاه می‌رویم. تو هم می‌آیی؟

آیدا بله، امّا تا هفت و نیم کلاس دارم و بیست دقیقه به هشت می‌رسم.

یاشار باشد، اشکالی ندارد.

آیدا پس، در رستوران می‌بینمتان.

여셔르 어이더, 몇 시야?

어이더 잠시만, 6시 15분, 근데 내 시계는 5분 느려.

여셔르 그러면 지금 6시 20분이네. 맞지?

어이더 응, 누구랑 약속있어?

여셔르 응, 아나히타 수업이 7시에 끝나. 같이 학교 식당에 갈거야. 너도 올래?

어이더 응, 근데 난 7시 반까지 수업이 있어서 8시 20분 전까지 갈게.

여셔르 그래, 문제없어.

어이더 그럼 식당에서 만나.

《5과》 나는 초록색 셔츠를 샀습니다.

들어봅시다-1

1\.

امیر برا عروسی برادرت لباس داری؟

شیما آره، دارم. کیف و کفش مشکی داشتم، دیروز عصرَم از بازار یه پیراهن

سبز خریدم.

امیر سبز تیره یا سبز روشن؟

شیما سبز تیره.

امیر سبز تیره خوش‌رنگه. گرون خریدی؟

شیما نه، ارزون خریدم.

امیر مبارکه.

شیما مرسی.

3.

امیر برای عروسی برادرت لباس داری؟

شیما بله، دارم. کیف و کفش مشکی داشتم، دیروز عصر هم یک پیراهن سبز خریدم.

امیر سبز تیره یا سبز روشن؟

شیما سبز تیره.

امیر سبز تیره خوش‌رنگ است. گران خریدی؟

شیما نه، ارزان خریدم.

امیر مبارک است.

شیما مرسی.

아미르 너네 오빠 결혼식에 입을 옷 있니?

쉬머 응, 있어. 가방과 신발은 있었고, 어제 오후에는 시장에서 초록색 셔츠 샀어.

아미르 짙은 초록 아니면 밝은 초록?

쉬머 짙은 초록색.

아미르 짙은 초록색 예쁜 색이지. 비싸게 샀니?

쉬머 아니, 싸게 샀어.

아미르 축하해.

쉬머 고마워.

들어봅시다-2

1.

مژگان اتاقت چه رنگیه؟

حامد اتاق من آبیه، امّا دوست ندارم. مال تو چه رنگیه؟

مژگان مال من صورتیه.

حامد میزت هم صورتیه؟

مژگان نه، میزم قهوه‌ایه. عتیقه‌اس. قبلاً مال پدربزرگم بود. حالا من از اون استفاده می‌کنم.

حامد جالبه. مال ما هم قهوه‌ایه. من و خواهرم یه میز داریم، سه سال قبل خریدیم.

مژگان کمد من زرده. کمد شما چه رنگیه؟

حامد ما دو کمد داریم. مال من سفیده، مال خواهرم سبزه.

3.

مژگان اتاقت چه رنگی است؟

حامد اتاق من آبی است، امّا دوست ندارم. مال تو چه رنگی است؟

مژگان مال من صورتی است.

حامد میزت هم صورتی است؟

مژگان نه، میزم قهوه‌ای است. عتیقه است. قبلاً مال پدربزرگم بود. حالا من از آن استفاده می‌کنم.

حامد جالب است. مال ما هم قهوه‌ای است. من و خواهرم یک میز داریم، سه سال قبل خریدیم.

مژگان کمد من زرد است. کمد شما چه رنگی است؟

حامد ما دو کمد داریم. مال من سفید است، مال خواهرم سبز است.

모쥐건 네 방은 무슨 색이니?

허메드 내 방은 푸른색이야. 그렇지만 난 좋아하지 않아. 네 방(너의 것)은 무슨 색이니?

모쥐건 내 방(나의 것)은 분홍색이야.

허메드 네 책상도 분홍색이니?

모쥐건 아니, 내 책상은 갈색이야. 골동품이야. 예전에 내 할아버지 것이었어. 지금은 내가 그걸 사용하고 있지.

허메드 흥미롭네. 나의 것도 갈색이야. 나랑 여자형제는 책상 하나가 있는데, 3년 전에 샀어.

모쥐건 내 옷장은 노란색이야. 네 옷장은 무슨 색이야?

허메드 우리는 옷장 두 개야. 내 것은 흰색이고, 여자형제 것은 초록색이야.

《6과》 너 250,000 토만 더 싸게 샀니?

들어봅시다-1

1.

رامین این جارو برقی جدیده؟

بیتا آره، دیروز خریدم.

رامین از کجا؟

بیتا از فروشگاه اطلس.

رامین فروشگاه اطلس کجاس؟

بیتا خیابون انقلاب، بعد از میدون فردوسی، روبروی کتابفروشی چشمه.

رامین چن خریدی؟

بیتا یه میلیون تومن بود، امّا من هفصد و پنجاه هزار تومن خریدم.

رامین دویس و پنجاه هزار تومن ارزون‌تر خریدی؟!

بیتا آره، حراج بود.

رامین مبارکه.

بیتا خیلی ممنون.

3.

رامین این جاروبرقی جدید است؟

بیتا بله، دیروز خریدم.

رامین از کجا؟

بیتا از فروشگاه اطلس.

رامین فروشگاه اطلس کجاست؟

بیتا خیابان انقلاب، بعد از میدان فردوسی، روبروی کتابفروشی چشمه.

رامین	چند خریدی؟
بیتا	یک میلیون تومان بود، امّا من هفتصد و پنجاه هزار تومان خریدم.
رامین	دویست و پنجاه هزار تومان ارزان‌تر خریدی؟
بیتا	بله، حراج بود.
رامین	مبارک است.
بیتا	خیلی ممنون.

러민	이 진공청소기 새 것이니?
비터	응, 어제 샀어.
러민	어디에서?
비터	아틀라스 상점에서.
러민	아틀라스 상점이 어디야?
비터	엥겔럽로(路), 페르도우시 광장 다음, 체쉬메 책방 건너편이야.
러민	얼마에 샀어?
비터	백만 토만이었어, 근데 나는 75만 토만에 샀어.
러민	25만 토만 더 싸게 샀네?
비터	응, 세일이었어.
러민	축하해.
비터	정말 고마워.

✓ 들어봅시다-2

1.

عسل	آقا، این ماشین لباسشویی سفید چنده؟
فروشنده	شیش میلیون و چهار صد هزار تومن.
عسل	ماشین لباسشویی کوچیک‌تر از اینَم دارین؟
فروشنده	بله. اون ماشین لباسشویی سیاه، کوچکتره.
عسل	قیمتش چنده؟
فروشنده	پنج میلیون و سیصدهزار تومن.
عسل	خوبه، امّا خیلی گرونه. تخفیف نداره؟
فروشنده	مممممم....پنج میلیون. خوبه؟

عسل	دست شما درد نکنه.
فروشنده	خواهش می‌کنم، مبارکه.

3.

عسل؟	آقا، این ماشین لباسشویی سفید چند است؟
فروشنده.	شش میلیون و چهارصد هزار تومان.
عسل	ماشین لباسشویی کوچک‌تر از این هم دارید؟
فروشنده	بله. آن ماشین لباسشویی سیاه، کوچک‌تر است.
عسل	قیمتش چند است؟
فروشنده.	پنج میلیون و سیصد هزار تومان.
عسل	خوب است، امّا خیلی گران است. تخفیف ندارد؟
فروشنده	مممم ... پنج میلیون. خوب است؟
عسل	دست شما درد نکند.
فروشنده.	خواهش می‌کنم، مبارک است.

아쌀	아저씨, 이 흰 세탁기 얼마에요?
상인	640만 토만이요.
아쌀	이것보다 더 작은 세탁기도 있나요?
상인	네, 저 검정색 세탁기가 더 작아요.
아쌀	가격은 얼마에요?
상인	530만 토만이요.
아쌀	좋은데, 정말 비싸네요. 할인 안하나요?
상인	음… 5백만 토만. 괜찮나요?
아쌀	감사합니다.
상인	천만에요. 축하합니다.

《7과》 저에게 메뉴를 주세요.

들어봅시다-1

1.

سودابه	این غذا خیلی خوشمزّه‌اس، ممنون مامان.

مامان	نوش جان! یواش بخور دخترم، خیلی داغه.
سودابه	آخه، خیلی گرسنه‌ام. مین‌جون، تو چرا نمی‌خوری؟
مامان	آره مین‌جون جان، بیشتر بخور. دوست نداری؟
مین‌جون	چرا، خیلی خوشمزّه‌اس. زیاد خوردم، سیر شدم. ممنون.
مامان	نوش‌جان! این غذا سبکه و برا شب مناسبه.
مین‌جون	بله، درسته. امّا معمولاً غذاهای ایرانی چرب هستن و من کم می‌خورم.

3.

سودابه	این غذا خیلی خوشمزّه است. ممنون مامان.
مامان	نوش جان! یواش بخور دخترم، خیلی داغ است.
سودابه	آخر، خیلی گرسنه‌ام. مین‌جون، تو چرا نمی‌خوری؟
مامان	بله مین‌جون جان، بیشتر بخور. دوست نداری؟
مین‌جون	چرا، خیلی خوشمزّه است. زیاد خوردم، سیر شدم. ممنون.
مامان	نوش جان! این غذا سبک است و برای شب مناسب است.
مین‌جون	بله، درست است. امّا معمولاً غذاهای ایرانی چرب هستند و من کم می‌خورم.

수더베	이 음식 정말 맛있어요. 엄마, 감사해요.
엄마	맛있게 먹으렴. 얘야, 천천히 먹어라. 많이 뜨거워!
수더베	아, 너무 배고파요. 민준아, 너 왜 안먹어?
엄마	그래 민준아, 더 먹어. 별로니?(안 좋아하니?)
민준	아니요. 정말 맛있었어요. 많이 먹었어요. 배불러요. 감사합니다.
엄마	잘 먹었구나. 이 음식은 가벼워서 밤에 먹기도 적절해.
민준	네, 맞아요. 그렇지만 보통 이란 음식은 기름져서 저는 적게 먹어요.

들어봅시다-2

1.

پیشخدمت	چی میل دارین؟
بیژن	لطفاً منو را به من بدین.
پیشخدمت	بفرمایین.

بیژن	مین‌جی، اوّل تو انتخاب کن.
مین‌جی	من غذاهای ایرانیو نمی‌شناسم. لطفاً برا منم تو سفارش بده.
بیژن	من قورمه سبزی می‌خورم. خیلی خوشمزّه و ترشه، می‌خوری؟
مین‌جی	من غذای ترش نمی‌خورم. غذای شیرینو بیشتر دوست دارم.
	....
بیژن	آقا، لطفاً یه پرس قورمه سبزی و یه پرس شیرین پلو بیارین.
پیشخدمت	نوشیدنی چی؟
بیژن	برا من دوغ بیارین، لطفاً.
مین‌جی	من کوکا می‌خورم، ممنون.
پیشخدمت	سالاد، ماست و زیتون نمی‌خورین؟
بیژن	چرا، لطفاً یه سالاد و یه زیتونَم بیارین.

3.

پیشخدمت	چی میل دارید؟
بیژن	لطفاً منو را به من بدهید.
پیشخدمت	بفرمایید.
بیژن	مین‌جی، اوّل تو انتخاب کن.
مین‌جی	من غذاهای ایرانی را نمی‌شناسم. لطفاً برای من هم تو سفارش بده.
بیژن	من قورمه سبزی می‌خورم. خیلی خوشمزّه و ترش است، می‌خوری؟
مین‌جی	من غذای ترش نمی‌خورم. غذای شیرین را بیشتر دوست دارم.
....	....
بیژن	آقا، لطفاً یک پرس قورمه سبزی و یک پرس شیرین پلو بیاورید.
پیشخدمت	نوشیدنی چی؟
بیژن	برای من دوغ بیاورید، لطفاً.
مین‌جی	من کوکا می‌خورم، ممنون.
پیشخدمت	سالاد، ماست و زیتون نمی‌خورید؟
بیژن	چرا، لطفاً یک سالاد و یک زیتون هم بیاورید.

종업원 무엇을 드시겠습니까?

비잔 저에게 메뉴를 주세요.

종업원 여기 있습니다.

비잔 민지야, 먼저 너가 골라.

민지 나는 이란 음식을 잘 몰라. 네가 내 것도 주문해줘.

비잔 난 고르메사브지 먹을래. 정말 맛있고, 신 맛이야. 너도 먹을래?

민지 난 신 음식 안먹어. 단 음식을 더 좋아해.

....

비잔 아저씨, 고르메사브지 하나와 쉬린폴로 하나 가져다 주세요.

종업원 음료는 어떤 것으로요?

비잔 저는 둑 주세요.

민지 저는 코카콜라 먹을게요. 고맙습니다.

종업원 샐러드, 머스트나 올리브는 안드시나요?

비잔 아뇨, 샐러드 하나, 올리브 하나도 가져다 주세요.

《8과》 일곱 번째 정류장에서 하차하세요.

들어봅시다-1

1.

مین‌جون ببخشین خانوم، داروخونه کجاس؟

خانم خیابون باهنر، چهارراه دوّم، دست راست، کوچه‌ی سوّم، ساختمون بهار، طبقه‌ی اوّل.

مین‌جون خیلی دوره؟

خانم بله، با ماشین برین.

مین‌جون ماشین ندارم.

خانم پس با اتوبوس برین. اتوبوس ۱۲۱ خوبه. ایستگاه هفتم پیاده شین.

مین‌جون ایستگاه اتوبوس کجاس؟

خانم اون طرف خیابون، روبروی پارک.

3.

مین‌جون	ببخشید خانم، داروخانه کجاست؟
خانم	خیابان باهنر، چهارراه دوّم، دست راست، کوچه‌ی سوّم، ساختمان بهار، طبقه‌ی اوّل.
مین‌جون	خیلی دور است؟
خانم	بله، با ماشین بروید.
مین‌جون	ماشین ندارم.
خانم	پس با اتوبوس بروید. اتوبوس ۱۲۱ خوب است. ایستگاه هفتم پیاده شوید.
مین‌جون	ایستگاه اتوبوس کجاست؟
خانم	آن طرف خیابان، روبروی پارک.

민준	실례합니다. 약국이 어디 있나요?
여성	버호나르로(路), 두 번째 사거리, 오른쪽, 세 번째 골목, 바허르 건물 1층이에요.
민준	많이 먼가요?
여성	네, 차로 가세요.
민준	차가 없어서요.
여성	그러면, 버스로 가세요. 121번 버스가 좋아요. 일곱번째 정류정에서 내리세요.
민준	버스 정류장이 어디인가요?
여성	공원 맞은 편 저쪽 길이에요.

들어봅시다-2

1.

باران	ببخشین آقا، نزدیک اینجا پمپ بنزین هس؟
آقا	بله، این خیابونو مستقیم برین تا میدون اوّل. بعد بپیچین سمت راست. نبش دوّمین خیابون یه پمپ بنزین هس.
باران	ببخشین، خیابون دوّم یا نهم؟
آقا	خیابون دوّم. پمپ بنزین نبش دوّمین خیابونه.
باران	من خیلی عجله دارم. این پمپ بنزین شلوغه؟
آقا	نه، معمولاً خلوته.
باران	ممنون، لطف کردین.
آقا.	خواهش می‌کنم.

3.

باران	ببخشید آقا، نزدیک اینجا پمپ بنزین هست؟
آقا	بله، این خیابان را مستقیم تا میدان اوّل بروید. بعد سمت راست بپیچید. نبش دوّمین خیابان یک پمپ بنزین است.
باران	ببخشید، خیابان دوّم یا نهم؟
آقا	خیابان دوّم. پمپ بنزین نبش دوّمین خیابان است.
باران	من خیلی عجله دارم. این پمپ بنزین شلوغ است؟
آقا	نه، معمولاً خلوت است.
باران	ممنون، لطف کردید.
آقا	خواهش می‌کنم.

버런	실례합니다. 이 근처에 주유소가 있나요?
남성	네, 이 길을 따라서 첫 번째 광장까지 직진하세요. 그리고 나서 우회전하시면, 두 번째 거리 모퉁이에 주유소가 있어요.
버런	두 번째요? 아니면 아홉 번째요?
남성	두 번째 거리요. 주유소가 두번째 거리 모퉁이에 있어요.
버런	제가 정말 바쁜데요. 이 주유소 붐비나요?
남성	아니오, 대체로 한산해요.
버런	감사해요. 고맙습니다.
남성	천만에요.

《9과》 이 알약을 하루 세 번 식사 후에 먹어야 해.

들어봅시다-1

1.

بهراد	بعد از کلاس می‌رم سینما. تو هم می‌آی؟
شمیم	نه، من می‌رم خونه. باید استراحت کنم.
بهراد	چرا؟ خسته هستی؟
شمیم	نه، سردرد دارم.
بهراد	استراحت خوبه، امّا باید بری دکتر.
شمیم	اوّل می‌رم خونه. بعد، با مادرم می‌رم پیش دکتر.

بهراد.	خوبه. مراقب خودت باش.
شمیم	ممنون.

3.

بهراد	بعد از کلاس به سینما می‌روم. تو هم می‌آیی؟
شمیم	نه، من به خانه می‌روم. باید استراحت کنم.
بهراد	چرا؟ خسته هستی؟
شمیم	نه، سردرد دارم.
بهراد	استراحت خوب است، امّا باید به دکتر بروی.
شمیم	اوّل به خانه می‌روم. بعد، با مادرم پیش دکتر می‌روم.
بهراد.	خوب است. مراقب خودت باش.
شمیم	ممنون.

베흐러드	나 수업 끝나고 극장 갈거야. 너도 갈래?
샤밈	아니, 나 집에 가서 쉬어야 해.
베흐러드	왜? 피곤해?
샤밈	아니, 두통이 있어.
베흐러드	쉬는 것 좋은데, 병원에 가야해(의사선생님께 가야해).
샤밈	먼저 집에 갈거야. 그리고 엄마랑 병원 갈거야(의사선생님께 갈거야).
베흐러드	좋아. 몸 조심해.
샤밈	고마워

들어봅시다-2

1.

آریا	سلام خانم دکتر.
دکتر	سلام، بفرمایین.
آریا	سرم درد می‌کنه و آبریزش دارم.
دکتر	سرفه هم می‌کنین؟
آریا	نه. سرفه نمی‌کنم، امّا عطسه می‌کنم.
دکتر	دهنت رو باز کن لطفاً....تب نداری. یه سرماخوردگی ساده‌اس.

آریا باید چی کار کنم؟

دکتر برات نسخه می‌نویسم.

آریا ببخشید، من از آمپول می‌ترسم. لطفاً، آمپول ندین.

دکتر بله، فقط قرص و شربت می‌نویسم. قرصو باید روزی سه بار بعد از غذا بخوری. شربتو هم باید شبا یه قاشق بخوری.

آریا چشم. ممنون.

دکتر باید نوشیدنیای گرمَم بخوری و خوب استراحت کنی.

3.

آریا سلام خانم دکتر.

دکتر سلام، بفرمایید.

آریا سرم درد می‌کند و آبریزش دارم.

دکتر سرفه هم می‌کنید؟

آریا نه. سرفه نمی‌کنم، امّا عطسه می‌کنم.

دکتر. دهانت را باز کن لطفاً. ... تب نداری. یک سرماخوردگی ساده است.

آریا باید چه کار کنم؟

دکتر برایت نسخه می‌نویسم.

آریا ببخشید، من از آمپول می‌ترسم. لطفاً، آمپول ندهید.

دکتر بله، فقط قرص و شربت می‌نویسم. قرص را باید روزی سه بار بعد از غذا بخوری. شربت را هم باید شب‌ها یک قاشق بخوری.

آریا چشم. ممنون.

دکتر باید نوشیدنی‌های گرم هم بخوری و خوب استراحت کنی.

어리여 선생님, 안녕하세요.

의사 안녕하세요. 앉으세요.

어리여 머리가 아프고, 콧물이 나요

의사 기침도 하나요?

어리여 아뇨, 기침은 안하지만, 재채기가 납니다.

의사 입을 벌려보세요. 열은 없네요. 단순 감기에요.

어리여 어떻게 해야 될까요?
의사 처방전 써드릴게요.
어리여 죄송하지만, 저 주사는 무서워요. 주사는 빼주세요.
의사 네. 알약과 물약만 쓸게요… 알약을 하루에 세 번, 식사 후에 드세요.
물약도 밤마다 한 숟가락씩 드세요.
어리여 알겠습니다. 감사합니다.
의사 따뜻한 음료도 마셔야 하고, 잘 쉬세요.

《10과》 남부 쪽 여행에 가장 좋은 계절은 겨울입니다.

들어봅시다-1

1.

روزبه فصل مورد علاقه‌ی تو چیه؟
پروین من تابستونو دوست دارم.
روزبه امّا من زمستونو بیشتر از تابستون دوست دارم.
پروین چون من به شنا و دریا علاقه دارم، بهترین فصل برا من تابستونه.
روزبه امّا من اسکی و برفو دوست دارم. پس، قشنگ‌ترین فصل برا من زمستونه.
پروین تو ایران کدوم فصل برا سفر مناسبه؟
روزبه مناسب‌ترین فصل برا سفر پاییز و بهاره. امّا مردم همه‌ی فصلا می‌رن سفر.
پروین آخه، ایران چار فصله.
روزبه آره، درسته.

3.

روزبه فصل مورد علاقه‌ی تو چیست؟
پروین من تابستان را دوست دارم.
روزبه امّا من زمستان را بیشتر از تابستان دوست دارم.
پروین چون من به شنا و دریا علاقه دارم، بهترین فصل برای من تابستان است.
روزبه امّا من اسکی و برف را دوست دارم. پس، قشنگ‌ترین فصل برای من زمستان است.
پروین در ایران کدام فصل برای سفر مناسب است؟

روزبه مناسب‌ترین فصل برای سفر پاییز و بهار است. امّا مردم همه‌ی فصل‌ها به سفر می‌روند.

پروین آخر، ایران چهارفصل است.

روزبه بله، درست است.

루즈베 네가 좋아하는 계절이 뭐야?

파르빈 나 여름을 좋아해.

루즈베 그런데 난 여름보다 겨울을 더 좋아해.

파르빈 나는 수영과 바다를 좋아해서 나한테 최고의 계절은 여름이야.

루즈베 근데 나는 스키와 눈을 좋아해. 그래서 나에게 가장 아름다운 계절은 겨울이야.

파르빈 이란에는 어떤 계절이 여행하기 적합하니?

루즈베 여행에 가장 적합한 계절은 가을과 봄이야. 그런데 사람들은 모든 계절에 여행 다니지.

파르빈 아, 이란이 4계절이구나.

루즈베 응, 맞아.

들어봅시다-2

1.

شاهرخ تعطیلات زمستون کجا می‌ری؟

افسانه می‌ریم جنوب ایران.

شاهرخ با کی؟

افسانه با خانواده.

شاهرخ چرا جنوب؟

افسانه بهترین فصل برا سفر به جنوب زمستونه، چون تابستون خیلی گرم و شرجیه.

شاهرخ اِ...جالبه، مثه سئول. کدوم شهر می‌رین؟

افسانه اوّل، می‌ریم بندرعبّاس. بندرعبّاس بزرگترین شهر جنوبه. بعد هم می‌ریم جزیره‌ی کیش.

شاهرخ جزیره‌ی کیش هم بزرگترین جزیره‌ی ایرانه؟

افسانه نه، جزیره‌ی قشم از همه‌ی جزیره‌های ایران بزرگ‌تره.

شاهرخ کیش جاهای دیدنی زیاد داره؟

افسانه بله؛ مثلاً کشتی یونانی، شهر زیرزمینی و پاساژهای بزرگ.

3.

شاهرخ تعطیلات زمستان به کجا می‌روی؟

افسانه به جنوب ایران می‌رویم.

شاهرخ با کی؟

افسانه با خانواده.

شاهرخ چرا جنوب؟

افسانه بهترین فصل برای سفر به جنوب زمستان است، چون تابستان خیلی گرم و شرجی است.

شاهرخ اِ ... جالب است، مثل سئول. به کدام شهر می‌روید؟

افسانه. اوّل، به بندرعبّاس می‌رویم. بندرعبّاس بزرگترین شهر جنوب است. بعد هم به جزیره‌ی کیش می‌رویم.

شاهرخ جزیره‌ی کیش هم بزرگترین جزیره‌ی ایران است؟

افسانه نه، جزیره‌ی قشم از همه‌ی جزیره‌های ایران بزرگ‌تر است.

شاهرخ کیش جاهای دیدنی زیاد دارد؟

افسانه بله؛ مثلاً کشتی یونانی، شهر زیرزمینی و پاساژهای بزرگ.

셔흐록 겨울 휴가에 어디 가니?

아프써네 이란 남부에 가.

셔흐록 누구랑?

아프써네 가족이랑.

셔흐록 왜 남쪽이야?

아프써네 남부 여행에 가장 좋은 계절이 겨울이야. 왜냐면 여름은 정말 덥고 습하거든.

셔흐록 아… 흥미롭네. 서울과 같아. 어느 도시에 가?

아프써네 먼저 반다르 압버스에 가. 반다르 압버스는 남부의 가장 큰 도시야. 그리고 나서 키쉬섬에 가.

셔흐록 키쉬섬도 이란의 가장 큰 섬이니?

아프써네 아니, 게쉼섬이 이란의 모든 섬들 보다 더 커.

셔흐록 키쉬섬에 볼만한 곳이 많니?
아프써네 응, 예를 들어, 그리스 배, 지하도시, 그리고 큰 쇼핑센터가 있어.

학습 내용 및 읽어봅시다 해석

《1과》 화요일에 페르시아어 수업이 있었습니다.

학습 내용

주요 표현 및 문법

*** 요일 묻고 답하기**

오늘은 무슨 요일입니까?

어제는 월요일이었습니다.

*** 과거의 활동 설명하기**

나는 아침에 대학교에 있었습니다.

나는 어제 시장에 갔습니다.

*** 비분리인칭대명사 활용하기**

나는 나의 아버지를 위해 선물을 샀습니다.

읽어봅시다-1

1. < 어느 휴일날 >

나는 서러입니다. 지난 월요일은 휴일이었고 나는 대학교에 가지 않았습니다. 아침에는 집에 머물렀습니다. 오후에 나와 나의 가족은 극장에 갔습니다. 우리는 코미디 영화를 보았습니다. 정말 웃겼습니다. 극장 다음에 우리는 식당에 갔습니다. 내 여자형제는 파스타를 먹었지만, 우리는 피자를 먹었습니다. 즐겁게 보냈습니다. 그날 밤 우리는 늦게 잤습니다.

읽어봅시다-2

1. < 서점에서 >

내 이름은 바허르입니다. 미너는 내 친구입니다. 2주 전에, 미너는 우리 집에 왔습니다. 날씨가 추워서 나는 따뜻한 옷을 입었습니다. 함께 서점에 갔습니다. 나는 "교장 선생님"이라는 책을 샀습니다. 그러나 미너는 책을 사지 않았습니다. 미너는 여자형제를 위해 공책을 샀습니다. 나는 나의 교수님을 위해서도 책을 한 권 샀습니다. 그저께 나는 "교장 선생님"을 읽었습니다. 재밌는 책이었습니다. 어제 밤에 그것을 내 친구 미나에게 주었습니다.

《2과》 넌 휴일에 무엇을 했니?

학습 내용

주요 표현 및 문법

*** 복합동사의 과거형 활용하기**

넌 휴일동안 무엇을 했니?

나는 내 여자형제와 놀았습니다.

나는 나의 엄마를 도왔습니다.

읽어봅시다-1

1. < 나의 하루 >

내 이름은 럼보드입니다. 나는 대학생입니다. 수요일에 대학교에 갔습니다. 수업 후에는 커피숍에 머물렀고, 내 숙제를 했습니다. 그리고 공부를 했습니다. 그 이후에, 학교 식당에 갔습니다. 내 친구도 왔고, 함께 저녁을 먹었습니다. (시간이) 매우 늦었습니다. 그래서 택시로 집에 갔고, 일찍 도착했습니다. 나는 엄마와 남자형제와 학교에 대해 이야기 했습니다. 그리고 나서, 약간 공부를 했습니다. 이란 영화를 한 편 보고, 잤습니다.

읽어봅시다-2

1. < 쉬러즈 여행 >

나는 바흐럼 아흐마디이고, 대학교 직원입니다. 두 달 전은 노루즈 휴일이었습니다. 나는 나의 가족들과 쉬러즈에 갔습니다. 나의 이모가 그곳에 계십니다. 우리는 이모 집에서 머물렀습니다. 비행기표는 비싸서 기차로 갔습니다. 쉬러즈는 매우 아름다웠습니다. 그리고 많은 볼만한 곳들이 많이 있었습니다. 에람 정원, 허페즈 영묘, 사아디 영묘, 그리고 바킬 공중목욕탕…. 허페즈 영묘와 사아디 영묘는 서로 가깝습니다. 우리는 두 군데를 모두 하루에 보았습니다. 대략 도시의 모든 볼만한 곳들을 보았고, 바킬 시장에서 기념품을 샀습니다. 그리고 나서, 타크테 잠쉬드에 갔습니다. "타크테 잠쉬드"는 세계에서 굉장히 유명합니다. 이곳의 또 다른 이름은 "페르세폴리스"입니다. 이 여행에서 "퍼서르거드"도 방문했습니다. "퍼서르거드"는 쿠로쉬 대왕의 무덤이며, 쉬러즈에서 약 60km 떨어져 있습니다.

《3과》 제 누나는 25세입니다.

학습 내용

주요 표현 및 문법

*** 나이 묻고 답하기**

너 몇 살이니?
저는 스무 살입니다.
제 여자형제는 25세입니다.

*** 동사의 현재 활용형**
내일 나는 서러의 생일에 갈거야.
너도 올래?

*** 복합전치사 활용하기**
우리는 극장 다음에 식당에 갔습니다.

읽어봅시다-1

1. < 김 선생님(Mr. Kim)의 가족 >
김 선생님(Mr. Kim)의 가족들은 부산에서 8년 동안 살았습니다. 8년 뒤에 서울에 왔습니다. 지금 그들의 집은 테헤란로에 있습니다. 김 선생님은 63세입니다. 그는 치과의사입니다. 그의 배우자는 59세이고, 간호사입니다. 그들은 딸 한 명과 아들 두 명이 있습니다. 딸의 이름은 민지입니다. 민지는 27세이고, 대학에서 페르시아어를 배웁니다. 민지의 남동생은 16세이고, 학교에 다닙니다. 민지의 오빠는 34세입니다. 그는 의사이고, 미혼입니다. 보통 병원에서 그의 일은 많습니다. 밤마다 늦게 잡니다. 어제는 일을 많이 하지 않았고, 빨리 집에 돌아왔습니다.

읽어봅시다-2

1. < 골레스턴 궁전 >
골레스턴 궁전 복합단지는 테헤란에서 유명한 장소 중 하나입니다. 이 복합단지는 도시 중심, 그리고 코르더드 15 광장 근처에 있습니다. 샤솔에머레 궁전, 거울 홀(Mirror Hall), 쌀럼 홀(Salam Hall), 다이아몬드 홀 등과 같은 13개의 중요한 건물들이 이 안에 있습니다. 샤솔에머레 건물은 테헤란의 오래된 건축물 중 하나입니다. 이 건축물은 굉장히 아름다우며, 두 개의 탑이 있습니다. 각각의 탑은 5개의 층으로 되어 있고, 35미터 높이입니다. 예전에 이 건물은 테헤란시의 상징이었습니다. 골레스턴 궁전 복합단지는 항상 열려 있고, 일년에 5일만 휴일입니다.

《4과》 우리는 12시에 회의가 있습니다.

학습 내용

주요 표현 및 문법

*** 시간 묻고 답하기**

지금 몇 시입니까?
지금은 11시입니다.

*** 다양한 시간 표현**
1시 반
6시 15(1/4)분
6시 20분
8시 20분 전

*** 복합동사의 현재형 활용하기**
당신은 아침마다 6시에 일어나십니까?
테헤란에 있는 이 박물관은 티르 30로(路)에 위치합니다.

*** 복합전치사 활용하기**
나는 자기 전에 책을 읽습니다.

읽어봅시다-1

1. < 나의 매일 일과 >
나는 파리여입니다. 아침마다 6시에 일어납니다. 매일 30분 동안 운동을 합니다. 운동 이후에 샤워를 합니다. 7시 15분에 아침을 먹습니다. 아침식사 후에 양치질을 하고, 옷을 입습니다. 버스로 사무실에 갑니다. 그리고 8시 반에는 사무실에 있습니다. 1시 15분 전에는 내 동료와 점심을 먹습니다. 5시까지 사무실에 머물며 일을 합니다. 그리고 나서, 집에 가서 가족들과 저녁을 먹습니다. 잠을 자기 전에 책을 읽습니다.

읽어봅시다-2

1. < 이란 국립 박물관 >
이란 국립 박물관은 굉장히 큽니다. 그리고 이 박물관은 테헤란의 티르 30로(路)에 위치합니다. 이란 국립 박물관은 이란 고고학 박물관과 이슬람 박물관의 두 부분으로 나뉩니다. 이란 고고학 박물관에는 이슬람 이전의 유물들을 볼 수 있습니다. 이 박물관의 유물들은 석기, 철기, 토기입니다. 이슬람 박물관은 이슬람 이후의 유물이 존재합니다. 이것들은 유리, 천, 나무로 되어 있습니다. 박물관은 봄과 여름에는 매일 아침 9시에서 저녁 7시까지 열려 있습니다. 가을과 겨울의 박물관 업무 시간은 아침 9시부터 오후 5시까지입니다. 때때로 공휴일에는 직원들이 박물관 문을 늦게 열고, 일찍 닫습니다.

《5과》 나는 초록색 셔츠를 샀습니다.

학습 내용

주요 표현 및 문법

* 색상 묻고 답하기
  네 방은 무슨 색이니?
  내 방은 파란색이야.

* 소유대명사 활용하기
  나의 것은 분홍색이야.
  네 것은 무슨 색이니?

읽어봅시다-1

1. < 집 도색하기 >

내 이름은 바허르입니다. 나와 내 남자형제의 방은 흰색이었습니다. 우리 아빠와 엄마의 방은 회색이었습니다. 우리는 모든 방을 위해 페인트를 샀고 그것을 칠했습니다. 나는 파란색을 좋아하지만, 내 남자형제는 파란색을 좋아하지 않습니다. 그는 초록색을 좋아합니다. 엄마는 오렌지색을 좋아하고, 아빠는 또한 보라색을 정말 좋아합니다. 그러나 오렌지색과 보라색은 방의 벽 색으로는 적합하지 않습니다. 보통 밝은 색들이 집의 벽에 적합합니다. 그래서 우리는 초록색, 파란색과 크림색 페인트를 샀습니다. 지금 나의 남자형제 방은 밝은 초록색이고, 내 방은 하늘색입니다. 아빠와 엄마의 방은 크림색입니다.

읽어봅시다-2

1. < 노루즈 >

샤헙은 새해에 엄마와 시장에 가서 옷을 샀습니다. 그는 네이비 블루 색상의 수트와 흰 셔츠, 그리고 가죽벨트를 하나 샀습니다. 샤헙의 엄마는 크림색 코트와 치마, 그리고 검정 처도르를 샀습니다. 샤헙의 아버지를 위해서는 파란색 셔츠와 검정색 넥타이를 샀습니다. 샤헙의 여자형제도 그들과 함께였습니다. 그는 오렌지색 먼토를 샀습니다. 할머니를 위해서는 보라색 루싸리를, 할아버지를 위해서는 회색 모자를 샀습니다. 시장 다음에는 가방과 신발가게에 갔습니다. 그곳에서 여자형제만 하얀 가방 하나를 샀습니다. 가게 다음에 제과점에 가서 쉬리니와 견과류를 샀습니다. 7시 반에 집에 돌아왔습니다.

《6과》 너 25만 토만 더 싸게 샀니?

학습 내용

주요 표현 및 문법

*** 비교하기**

너 250,000 토만 싸게 샀구나!
이것보다 더 작은 세탁기도 있습니까?

*** 100 이상의 숫자 표현**

6,400,000 토만
5,000,000

읽어봅시다-1

1. < 새 집에서 >

우리는 어제 집기/가구들을 새 집에 가져갔습니다. 이 집은 이전 집보다 더 좋습니다. 우리의 새 골목은 더 깨끗합니다. 새 집은 2층집입니다. 2층 방들은 더 예쁘고 밝습니다. 내 방은 내 여자형제 방보다 작습니다. 부엌에는 큰 창문이 하나 있습니다. 식기세척기는 창문 옆에 있고, 그 맞은 편에는 냉장고가 위치합니다. 냉장고 위에는 작은 화병을 놓았습니다. 식탁은 부엌 중간에 있습니다. 가스레인지를 식기세척기 근처에 놓았습니다. 유리컵, 접시는 찬장에 있습니다. 부엌은 작았습니다. 그래서 세탁기를 욕실에 놓았습니다.

읽어봅시다-2

1. < 테헤란 전통 시장 >

테헤란에는 두 곳의 전통시장이 있습니다: 테헤란 그랜드 바자르(시장)과 타지리쉬 시장. 테헤란 그랜드 바자르는 오래되고 전통적인 시장이며, 테헤란시의 중앙에 위치하고 있습니다. 매일 많은 사람들이 이 시장에서 쇼핑합니다. 타지리쉬 시장은 테헤란 북쪽에 있습니다. 이 시장은 그랜드 바자르 보다는 작습니다. 그랜드 바자르는 타지리쉬 시장보다 더 오래되었습니다. 대략 시장의 모든 것들이 백화점이나 상점보다 더 저렴합니다. 그래서 시장은 항상 사람들로 붐빕니다. 새해나 학기 시작이 다가오면, 사람들은 대부분 시장에 갑니다. 그래서 시장이 더욱 붐비게 됩니다.

《7과》 저에게 메뉴를 주세요.

학습 내용

주요 표현 및 문법

*** 명령문**

더 많이 먹어라.
저에게 메뉴를 주세요.
저는 둑(이란전통음료)을 가져다주세요.

*** 음식의 맛 표현하기**

매우 맛있습니다.
보통 이란 음식들은 기름집니다.
매우 맛있고 신 맛입니다.

읽어봅시다-1

1. < 고르메사브지 조리 >

고르메사브지에 들어갈 채소를 깨끗하게 씻어서 썰어주세요. 그리고 양파를 썰어주세요.
냄비를 가스레인지 위에 올려 놓으세요. 가스레인지의 불을 켜고, 냄비에 기름을 약간 부어주세요. 양파를 기름에서 볶아주세요. 그리고, 고기를 잘라 양파에 추가해주세요. 10분 뒤에, 소금과 강황을 넣고, 그 위에 물을 부으세요. 30분 뒤에 채소와 강낭콩을 냄비에 부어주세요. 마른 레몬도 넣어주세요. 마지막으로, 냄비 뚜껑을 덮고, 가스레인지 불을 줄이세요. 3시간 후에 음식이 완성됩니다.

읽어봅시다-2

1. < 이란음식 >

이란 사람들의 주식은 빵과 밥입니다. 그들은 점심식사로 주로 밥과 스튜, 업구쉬트, 첼로캬법, 주제캬법, 생선 등을 먹습니다. 그러나 아침식사로는 보통 빵과 치즈, 생크림, 버터, 꿀과 잼을 먹습니다. 이란 음식은 굉장히 다양합니다: 각 도시마다 특별하고 유명한 음식이 존재합니다. 에스파헌에서는 '베리여니'를 드셔보세요. 라쉬트에서는 '미르저거세미', 그리고 서리에서는 '속을 채운 생선' 요리를 드셔보세요. 겨울에는 꼭 이란의 어쉬를 드셔보세요. 굉장히 맛있고 먹을만합니다. 아르데빌의 꿀이 굉장히 좋습니다. 아르데빌에 가면 아침으로 크림과 꿀을 드세요. 이란의 쉬리니와 디저트도 굉장히 다양하고 맛있습니다. 전통 아이스크림, 펄루데, 숄레 자르드와 마스카티와 같은 예가 있습니다.

《8과》 일곱 번째 정류장에서 하차하세요.

학습 내용

주요 표현 및 문법

*** 서수를 활용한 표현**

두 번째 사거리, 세 번째 골목

일곱번째 정류장에서 하차하세요.

*** 길을 묻고, 안내하는 표현**

버스 정류장이 어디입니까?

첫번째 광장까지 이 길로 직진하세요.

읽어봅시다-1

1. < 버박을 위한 파티 >

나의 이름은 베흐넘입니다. 나의 이모와 그 가족은 우리 건물 4층에 살고 있습니다. 그들은 세 명의 아이가 있습니다. 어라쉬는 그들의 첫째로, 나와 동갑입니다. 둘째는 어저데이고, 5년 전에 결혼해서 배우자와 함께 네덜란드에 갔습니다. 버박은 가족의 막내이고, 토목기사입니다. 지난 주에 마침내 3년이 지나서 버박이 사기업에 취업했습니다(사기업에서 직업을 찾았습니다). 모두는 기뻐했습니다. 어제 이모가 전화해서 이 좋은 소식을 우리에게 알렸습니다. 엄마가 말씀하셨습니다: "언니, 축하해. 꼭 파티 열어 그리고 버박을 기쁘게 해줘". 이모는 동의했고, 우리를 초대했습니다. 나는 내일 밤 모든 친척들을 이모 집에서 만날 것입니다.

읽어봅시다-2

1. < 국제도서박람회 >

테헤란 도서박람회는 상당히 큰 박람회입니다. 매년 봄의 두 번째 달에 많은 사람들이 이 박람회에 개서 책을 삽니다. 이란의 많은 작가들과 출판사들이 이 박람회에 참여하여 새로운 책들을 가져옵니다. 비이란 출판사들 일부도 박람회의 외서 부문에 부스를 갖게 됩니다. 첫 번째 테헤란 도서박람회는 1366년 참런 대로에서 있었습니다. 21번째 박람회는 '압버스 어버드'에서 있었습니다. 1395년, 박람회를 '샤흐레 어프텁(태양의 도시)'에서 열었습니다(샤흐레 어프텁으로 가져갔습니다). 샤흐레 어프텁은 테헤란 남쪽에 위치하고 있으며, 사람들은 지하철과 자동차로 그곳에 갑니다.

《9과》 이 알약을 하루 세 번 식사 후에 먹어야 해.

학습 내용

주요 표현 및 문법

*** 의무 표현하기**

나는 휴식해야만 해.
이 알약을 하루 세 번 식사 후에 먹어야 합니다.

*** 증상을 나타내는 표현**

두통이 있고, 재채기를 합니다.
콧물이 납니다.
열이 있습니까?

읽어봅시다-1

1. < 건강 >

건강은 매우 중요합니다. 건강을 위해 일주일에 5일 운동해야 하고, 건강한 음식과 과일, 채소를 먹어야 합니다. 기름기 있고 무거운 음식을 먹지 말아야 합니다. 식사 전에 자신의 손을 씻고, 식사 후에 양치를 해야 합니다. 물은 건강에 도움을 줍니다. 그래서 물을 많이 마셔야 합니다. 알코올 음료를 많이 마시지 말아야 합니다. 스트레스와 걱정은 건강을 위해 전혀 좋지 않습니다. 스트레스를 줄여야 하지만, 담배를 피우지 말아야 합니다.

읽어봅시다-2

1. < 자연과 치료 >

이란의 다양한 도시에는 천연 샘이 존재합니다. 이 샘의 물은 건강에 유익합니다. 샘 주변의 자연은 굉장히 매력적이고 구경할 만합니다. 그러므로 연중 많은 사람들이 휴식과 여가를 위해 이 도시들로 여행을 갑니다. 일부 사람들은 또한 이 샘의 물을 치료를 위해 사용합니다. 외국인들도 이 도시들을 방문하며, 그곳의 자연을 즐깁니다. 이란에는 아주 좋은 약초들도 있습니다. 여러 도시들에 다양한 약초들이 존재합니다. 이 약들은 일부 질병을 치료합니다. 이 약(약초)의 구입을 위해 약제상에 가야합니다. 약제상들은 종종 전통 시장 내에 위치합니다.

《10과》 남부 쪽 여행에 가장 좋은 계절은 겨울입니다.

학습 내용

주요 표현 및 문법

*** 좋아하는 대상에 대해 묻고 답하기**

네가 좋아하는 계절은 무엇이니?
내가 좋아하는 계절은 여름입니다.
나는 여름을 좋아합니다.

*** 최상급 표현**

나에게 최고의 계절은 여름입니다.
여행에 가장 적합한 계절은 봄과 가을입니다.

읽어봅시다-1

1. < 이란에서의 여행 >

나와 내 가족은 매년 여름 휴가에 여행을 갑니다. 우리는 2년 전에는 코르데스턴에 갔습니다. 코르데스턴의 가장 유명한 호수를 보았습니다. 그곳에서 배를 탔고, 가장 맛있는 생선케밥을 먹었습니다. 작년에는 이란의 북서쪽에 갔습니다. 가장 좋은 꿀을 아르데빌에서 샀습니다. 타브리즈에서는 세계에서 가장 크고 중요한 전통시장, 지붕이 있는 시장을 보았습니다. 그리고, 우르미예 근처의 이란의 가장 오래된 교회에 갔습니다. 아르메니아 동포들은 Tir월 마지막 날들과 Mordad월의 첫 며칠간 그곳에서 특별한 예식을 개최합니다. 1378년, 정부는 이 교회를 유네스코 세계 기구에 등재했습니다. 올해도 이란 북쪽과 카스피해에 갑니다. 카스피해는 세계의 가장 큰 호수입니다. 매년 여름에 국내외의 여행객들이 카스피해 해변에 여행을 갑니다. 이란 차의 가장 큰 경작지가 길런에 위치합니다. 이란의 가장 향이 좋은 쌀을 이란의 북쪽 도시들에서 찾을 수 있습니다.

읽어봅시다-2

1. < 이란, 4계절의 국가 >

이란은 4계절이 있습니다. 이란의 첫 번째 계절은 봄입니다. 이란 사람들은 이 계절의 첫 날 잔치를 엽니다. 이 날의 이름은 노루즈이며, 이란인들의 가장 중요한 명절입니다. 한 해의 두 번째, 그리고 가장 더운 계절은 여름입니다. 이 계절에 학교는 방학을 하고, 사람들은 여행을 많이 갑니다. 가을은 세 번째 계절이고, 날씨가 시원하며, 때때로 비가 내립니다. 나뭇잎들도 노랑, 빨강, 오렌지 색이 됩니다. 이 계절에 학교는 개학을 합니다. 가을의 마지막 밤은 '동지'입니다. 동지는 일 년의 가장 긴 밤이며, 이란 사람들은 동지에 잔치를 엽니다. 그 이후에, 겨울이 시작됩니다. 겨울은 네 번째, 그리고 가장 추운 계절입니다. 겨울의 마지막 달은 '처허르샴베 수리' 행사가 있고, 사람들은 도시를 노루즈를 맞기 위해 준비합니다.

이미지 출처

p46 *File:Gate of All Nations, Persepolis.jpg* by Alborzagros, CC BY-SA 3.0
https://commons.wikimedia.org/wiki/File:Gate_of_All_Nations,_Persepolis.jpg

p46 *File:Persepolis stairs of the Apadana relief.jpg* by Phillip Maiwald (Nikopol), CC BY-SA 3.0
https://commons.wikimedia.org/wiki/File:Persepolis_stairs_of_the_Apadana_relief.jpg

p64 *Palacio de Golestán, Teherán, Irán* by Diego Delso, CC BY-SA 4.0
https://www.curationist.org/collection/%E2%80%8Egolestan-palace/

p82 *National Museum* by David Stanley, CC BY 2.0
https://www.flickr.com/photos/davidstanleytravel/8753484447

p97 *File:نوروز ۱۳۹۷.jpg* by Roozitaa, CC BY-SA 4.0
https://commons.wikimedia.org/wiki/File:%D9%86%D9%88%D8%B1%D9%88%D8%B2_%DB%B1%DB%B3%DB%B9%DB%B7.jpg

p111 *LG 오브제컬렉션 얼음정수기냉장고 출시* by LG전자, CC BY 2.0
https://www.flickr.com/photos/lge/51096193633/

p111 *휘센 상업용 스탠드 에어컨* by LG전자, CC BY 2.0, https://flic.kr/p/2k8mhQH
https://www.flickr.com/photos/lge/50622645497/

p114 *File:Bazaar de Teherán, Teherán, Irán, 2016-09-17, DD 45.jpg* by Diego Delso, CC BY-SA 4.0
https://commons.wikimedia.org/wiki/File:Bazaar_de_Teher%C3%A1n,_Teher%C3%A1n,_Ir%C3%A1n,_2016-09-17,_DD_45.jpg

p114 *File:Bazaar Tehran 2.jpg* by مانفی, CC BY-SA 4.0
https://en.m.wikipedia.org/wiki/File:Bazaar_Tehran_2.jpg

p116 *File:قرمه-سبزی.jpg* by Amirreza556, CC BY-SA 4.0
https://commons.wikimedia.org/wiki/File:%D9%82%D8%B1%D9%85%D9%87-%D8%B3%D8%A8%D8%B2%DB%8C.jpg

p116 *Պատկեր:Cuisine of Iran آشپزی ایرانی 31-پلو آرایی.jpg* by Mostafameraji, CC BY-SA 4.0
https://hy.m.wikipedia.org/wiki/%D5%8A%D5%A1%D5%BF%D5%AF%D5%A5%D6%80:Cuisine_of_Iran_%D8%A2%D8%B4%D9%BE%D8%B2%DB%8C_%D8%A7%DB%8C%D8%B1%D8%A7%D9%86%DB%8C_31-%D9%BE%D9%84%D9%88_%D8%A2%D8%B1%D8%A7%DB%8C%DB%8C.jpg

p116 *File:Iranian Kabab Koobideh (Bonab style).jpg* by Vathlu, CC BY-SA 3.0
https://en.m.wikipedia.org/wiki/File:Iranian_Kabab_Koobideh_(Bonab_style).jpg

p148 *File:Tehran International Book Fair 0657.jpg* by Mardetanha, CC BY-SA 3.0
https://commons.wikimedia.org/wiki/File:Tehran_International_Book_Fair_0657.jpg?uselang=fa

p148 *File:23rd tehran international book fair 1.jpg* by Ladsgroup, CC BY 3.0
https://commons.wikimedia.org/wiki/File:23rd_tehran_international_book_fair_1.jpg

p165 *File:Avicenna canon 1597.jpg* by http://www.library.yale.edu/oacis/scopa/scopa_ibnsina_ms5.html
https://en.wikipedia.org/wiki/File:Avicenna_canon_1597.jpg